法然とその時代

田村圓澄

法蔵館文庫

本書は一九八二年十一月三十日、「法蔵選書」として法藏館より刊行された。文庫化に当たり、明らかな誤植等は編集部の判断で改めたところがある。

目次

法然とその時代

日本の浄土教

一　日本浄土教の源流

今は焼失して見ることができなくなったが、もと法隆寺金堂の壁面は、弥陀《みだ》の浄土（西壁）・弥勒《みろく》の浄土（北壁）・薬師《やくし》の浄土（北壁）・釈迦《しやか》の浄土（東壁）の四箇の壮麗な浄土の図によって飾られていた。

一般に浄土とは、穢土《えど》すなわち穢悪なこの国土に対し、清浄な仏の国土を意味している。したがって仏はそれぞれ止住の浄土をもっており、たとえば薬師の瑠璃光《るりこう》浄土、釈迦の霊山《りようぜん》浄土、阿閦《あしゆく》の妙喜浄土などがあり、また補陀落《ふだらく》山は観音の浄土であった。しかし、中でも弥陀の極楽浄土は、日本人の仏教信仰の中心の位置を占めるようになり、浄土といえば、西方極楽浄土を、また浄土教といえば、極楽浄土に往生する教えを意味している。

さて浄土教は、一口にいえば、死後、弥陀（阿弥陀仏）の極楽浄土に往き生まれることを勧める救済の教えであるが、これを説く経典の主なものは、『無量寿経』『観無量寿経』『阿弥陀経』の、いわゆる「浄土の三部経」である。この中で、『無量寿経』は、西方に極楽浄土が建立せられた経緯を説いている。

無量寿仏は阿弥陀仏の異名であり、したがって、無量寿国は、極楽浄土と同一である。『観無量寿経』は、極楽浄土（無量寿国）の光景を観見する方法を示しており、また『阿弥陀経』は、七宝で飾られた極楽浄土の美しい有様を描いている。

聖徳太子による『勝鬘経』や『法華経』の講経を別とすれば、日本で初めて講義せられた経典は、この『無量寿経』であった。すなわち舒明天皇十二年（六四〇）に、三十年に及ぶ留学を終えて唐から帰朝したばかりの恵隠《えおん》が、勅により、宮中で『無量寿経』を講じている。孝徳天皇の白雉二年（六五二）にも、恵隠は内裏で、千人の僧を聴衆とし、五日間にわたって『無量寿経』を講じた。

恵隠が入唐留学していた頃、道綽《どうしゃく》が華北の山西を中心として浄土教を広めており、かの隋の煬帝《ようだい》も、浄土教に帰依していたという。

中宮寺に伝える天寿国繡帳は、聖徳太子の死後、妃の橘 郎 女《たちばなのいらつめ》らが太子を偲び、図像により、太子往生の有様を現わそうとして作ったものであり、天寿国は無量寿国、すなわち弥陀の極楽浄土に外ならぬとの見解もあるが、しかし阿弥陀像の造顕は、次の白鳳時代から始まった。

当時の浄土教は、まだ仏教信仰の中心には位置していなかった。七堂伽藍のシンメトリカルな配置の中で、弥陀を本尊とする堂はなかったし、したがって、薬師・釈迦などの丈六像が造顕せられても、これに比肩するような弥陀の大像は造顕せられなかった。現存の阿弥陀像、たとえば法隆寺蔵橘夫人念持仏の印契が説法相であることからも知られるように、当時の弥陀は、極楽浄土で救いの手を差しのべる救済仏としてよりは、現に悟りの道を指し示す説法仏として、信仰せられていたようである。

延命息災の個人的願望から、鎮護国家的祈願に至るまで、仏教は現世利益が中心であった。教理研究を主とすることから、「学解《がくげ》仏教」ともいわれた南都の六宗も、また次の平安時代の天台・真言の二宗も、現世利益の保証を放棄することはできなかった。

しかし奈良時代になると、浄土教に関心をよせ、また浄土教関係の著述をなす僧もあらわれた。元興寺の智光や東大寺の智憬、また秋篠寺の善珠《ぜんじゅ》などである。なかでも智光は、極楽浄土の光景を図絵した「智光曼荼羅」の発案者であるといわれる。しかしこの構図は、かの中将姫の伝説で有名な「当麻《たいま》曼荼羅《まんだら》」に似ており、おそらく『観無量寿経』の所説を図絵した敦煌《とんこう》出土の浄土変相、またはこれに基づいて唐代に描かれた浄土変相が日本に将来され、智光曼荼羅や当麻曼荼羅の原図になったと考えられる。

奈良時代には、浄土教関係の仏像・仏画の製作、浄土教の著述が行なわれ、また「浄土三部経」のほか、道綽の弟子にあたる唐の善導の『観経疏』なども書写されていた。

しかし、奈良時代の浄土教が、平安時代中期以降の浄土教と異なる点は、第一に、智光・善珠や『日本霊異記』の撰者の景戒《きようかい》などの官寺の学僧の私的信仰にとどまり、教団の外の在家者層に及ばなかったことである。第二に、当時の浄土教は、願生者自身の信仰としてではなく、むしろ、死者の追善儀礼としての性格が顕著であった。井上光貞氏の精緻な考証によれば、飛鳥・奈良時代に造られた阿弥陀仏像および阿弥陀浄土変相三十七例のうち、造立の時期・目的などの判明する十九例について見ると、十八例までが、すべて故人の忌斉の時に造られ、また故人の冥福を祈っている。写経の場合についても、この事実が裏づけられ、東大寺の阿弥陀堂・法華寺の浄土院なども、建立の動機は死者に対する追善にあったのであり、この点、後の阿弥陀堂とは性格を異にするのである。

さて仏教が、日本人の精神生活に与えた影響の一つは、三世の思想を植えつけたことであった。現世の在り方は、前世（宿世）の行為（業《ごう》）によって決まり、現世の行為は、後世（来世）の在り方を規定する。そして生きとし生ける者は、地獄・餓鬼・畜生・修羅《しゆら》・人・天人の六道《ろくどう》のいずれかを、三世にわたって永劫《えいごう》に流転しなければならない。仏教儀礼として、日本人の生活に定着した「追善」の法会も、仏の慈悲により、六道輪廻《りんね》に終止符を打ち、かくして死者の最終的な救済を願うことに外ならなかった。すなわち死者の成仏、ないし後生善処が祈られたのである。

悪行の報いが、地獄や餓鬼・畜生などの無慙な世界であることも、僧によって説かれた。平安初期の仏教説話集である『日本霊異記』には、閻羅《えんら》王（閻魔王）の裁決に服し、地獄の業苦を受けた話がいくつか載っている。官人の威勢を笠にきて、百姓を苦しめた綱丁《よぼろ》が、黒い杭のようなものに入れられ、大海の中の地獄に浮き沈みすること二十余年を経たが、善珠《ぜんじゅ》を講師とする仏事法会に遭い、地獄の苦しみから救われたという。

しかし、六道輪廻・三世流転の教説が、奈良時代の知識人である貴族層にまで、脅迫を与えたと断定することはできない。「この世には人言しげし来む世には逢はむわがせこ今ならずとも」の歌に、来世意識の存在を指摘することはできるが、しかし、恐怖や陰翳を見出すことはできない。「この世にし楽しくあらば来む世には虫にも鳥にも我はなりなむ」という大伴旅人の歌にも見られるように、奈良時代の官人貴族層は、たとえ一部であっても、仏教の来世思想を、おおらかな現世肯定の心情によって、うけ流していたのである。

二　空也と源信

浄土教の発達に、一つの段階を画したのは、九世紀の前半、唐から帰朝した円仁が、念仏三昧《さんまい》の法を比叡山に伝え、いわゆる「山の念仏」をはじめたことである。

比叡山を開いた最澄は、天台止観《しかん》の行法として、常坐・常行・半行半坐・非行非坐の四種の三昧を修するため、山上に四つの三昧院《さんまいいん》建立を意図したが、最澄在世中に建てられたのは、半行半坐三昧を修する法華《ほっけ》三昧堂だけであった。その後、円仁が常坐三昧堂を建立したが、さらに入唐して五台山に登り、ここに伝える念仏三昧の法をもたらして帰国し、常行三昧堂を創めたのである。

常行三昧《じょうぎょうさんまい》は、九十日間を限って行道《ぎょうどう》し、口に弥陀仏名を唱え、心に弥陀仏を念じ、もって見仏を期する行法であるが、とくに円仁が移した念仏三昧は、曲調を附して『阿弥陀経』を諷誦《ふじゅ》する引声阿弥陀経《いんぜいのあみだきょう》と、緩慢な曲調によって阿弥陀仏名を称する引声念仏の二つより成っていた。いずれも、極楽浄土の水鳥樹林の念仏の声をうつしたといわれるように、美的感覚的な音楽的幻想と不可分の関係にあり、現に円仁自身、この念仏三昧には、笛を伴奏用に使用したほどである。この念仏三昧を行なう道場が、常行三昧堂であり、内部の中央正面には、金色の阿弥陀仏が本尊として安置され、四方の壁面には、極楽浄土の光景が図絵されていた。

視覚的聴覚的に極楽浄土への途を開いた常行三昧堂は、以後、各地の寺々にも建てられた。すなわち、園城寺《おんじようじ》・元慶寺《がんぎようじ》・走湯《そうとう》山（伊豆）・多武峯《とうのみね》（大和）・法成寺・法勝寺・四天王寺などに常行三昧堂が建ち、「山の念仏」を移した不断念仏が置かれた。

常行三昧は、本来、天台の僧の学業の一つであった。しかし、期日を限って行なわれる不断念仏の音楽的美的雰囲気は、在俗者とくに貴族の結縁《けちえん》を容易にした。葵上《あおいのうえ》をなくした光源氏《ひかるげんじ》は、邸内に念仏僧を招き、「声勝れたるかぎり択び侍はせ給ふ念仏の暁がたなど、忍びがたし」といわれたが、寺々には月ごとの阿弥陀の念仏三昧が置かれており、不断の御読経にも声の尊い僧が集められていた。また貴族の邸内の念誦堂に招かれた僧も、念仏・誦経によって、美的感覚的な仏の世界に貴族を誘ったのである。

さて十世紀の後半に到り、浄土教は新しい段階を迎えた。空也《こうや（くうや）》および恵心僧都源信の登場は、浄土教の展開に、画期的な意義をもたらすことになった。

平安前期の浄土教の状態について、『日本往生極楽記』の著者の慶滋保胤《よししげのやすたね》は、「天慶から以降、道場や聚落で念仏三昧を修することは希であり、庶民階層の子供や女に至っては、頭から念仏を忌み嫌う有様であった。しかし空也が念仏を勧めるようになってから後は、事情が一変し、世を挙げて念仏を事とするようになった」と述べている。天慶《てんぎょう》の頃といえば、かの円仁が念仏三昧の法を伝えてから約一世紀後であるが、そのとき、京都においても、念仏する者が極めて少なく、浄土教も低調であったことが知られるのである。

空也は、少壮にして五畿七道を巡り、名山霊窟を訪ねたが、道路の悪い個所があれば、人馬の苦痛を慮って修理を加え、また橋を架け、井戸を掘るなど、庶民のための利他行を行なったという。二十歳余のとき得度して空也と号した。頸にかけた金鼓に合わせて念仏を唱え、京都の町を遊行したので、阿弥陀聖《ひじり》または市聖《いちのひじり》といわれた。のち比叡山に登って出家受戒して名を光勝と称したが、なお沙弥の名の空也を用いた。空也は自己の父母をあらわさず、郷土を説かなかった。一説に皇胤の出身であるともいう。しかし、空也について特徴的なことは、かれが主として一般庶民に念仏を勧めたこと、およびその念仏が、常行三昧の情緒的美的なのとは異なり、金鼓にあわせて念仏し、阿弥陀の名を呼びつづけるような多分に狂噪的であったことである。

空也は、京都の賀茂川の東に寺を建て、西光寺と称した。かれが十四年間にわたって諸国を勧進し、ようやくその業を終えた『大般若経』の書写供養をここで行なったとき、左大臣藤原実頼をはじめ、貴賤上下の結縁者が多数あつまった。

空也の滅後、西光寺は六波羅蜜寺と改められた。恒例の三月の供花会には、昼は法華経を講じ、夜は念仏三昧を修したが、結縁するもの幾万人かを知らずとさえいわれる盛大さであった。空也および六波羅蜜寺は、いわば市の念仏の中心であった。

空也の念仏は、常行三昧堂の美麗な荘厳を必要としなかった。弥陀の相好《そうごう》や極楽浄土の観相は、空也の念仏の条件ではなかったからである。時と場所の如何にかかわらず、また老少男女や僧俗の別をも問わず、ただ念仏することだけが求められた。かくして美的情緒的な「山の念仏」とは異なる念仏が、空也の努力によって、庶民の間に広まった。

『今昔物語』には、念仏往生人（浄土教信仰者）の説話が多く集録されているが、なかでも讃岐国の源大夫の話は興味ぶかい。仏法を信ぜず、法師を忌み、日夜朝暮ただ狩猟漁撈の殺生を事としていた源大夫が、ある日、鹿を射とめての帰り道、ふと講を行なっている堂に立ち寄り、講師から、「此ヨリ西ニ多ノ世界ヲ過テ仏在マス、阿弥陀仏ト申ス、其ノ仏心広クシテ、年来罪ヲ造リ積タル人ナリトモ、思ヒ返シテ一度阿弥陀仏ト申ツレバ、必ズ其人ヲ迎テ楽ク微妙キ国ニ、思ヒト思フ事叶フ身ト生レテ、遂ニハ仏トナム成ル」と聞かされると、郎等の制止もきかず、頭を剃って戒を受け、衣・袈裟を着し、頸にかけた金鼓をたたき、「阿弥陀仏ヨヤオイオイ」と呼びながら、西を指して真すぐに進んで行った。

源大夫は海に臨んだ峰の木の股に登り、なお金鼓をたたいて「阿弥陀仏ヨヤオイオイ」と呼びつづけていたが、ついに木に登ったまま命を終えた。見れば源大夫の口から鮮かな蓮花が一葉生い出ていたという。

源大夫が浄土教に結縁したのは、田舎の堂で催された「講」においてであった。そのとき講師が、源大夫に念仏を勧めたのである。「講」と「念仏」――これは京都の六波羅蜜寺ででも行なわれていた。しかも、この念仏は、講に結縁した人々が同行となり、声を合わせて唱えるのであった。金鼓をたたき、声を挙げて称名する点で、常行三昧堂の「山の念仏」とは異なっている。

空也によって、在家庶民みずから念仏する道が開かれた。ところで貴族の場合は如何であろうか。『源氏物語』を例にとれば、その登場人物は、おおむね浄土教に関心を寄せている。現世の罪業を極度に恐れ、したがって、後世のための勤行《ごんぎょう》に意を用い、死後の九品往生を願う姿は、ほとんどすべての貴族に共通している。にもかかわらず、『源氏物語』の中で、臨終に際し、みずから念仏して死去した例が、一つもないことに注意されるのである。

空也は、みずから金鼓をたたいて念仏すると共に、在家庶民に唱和を求めた。念仏称名は、狂噪的ではあるが、僧俗男女の区別なく、声を挙げて唱えるものであった。しかし、貴族社会において、念仏は、出家者（僧）の唱えるものであり、在家者の貴族は、つねに「聞く」立場におかれていた。

浄土教を、貴族社会に広めるのに力あったのは、比叡山の源信（恵心）であった。空也より約半世紀おくれて現われたが、源信の生活は、もっぱら山上で送られた。すなわち、かれの前半生は延暦寺の官僧であることに終始し、後半生は、横川での述作に過ごされた。源信の本領は、天台の学匠として著述に専念することであり、したがって空也のように、市に出て民衆に接近することはなかった。

源信が隠遁した横川の首楞厳院《しゅりょうごんいん》では、毎月十五日に恒例の二十五三昧会《さんまいえ》が開かれ、昼は『法華経』の講経があり、夜は念仏と『阿弥陀経』の誦経に時を過ごした。この三昧会の結衆には、求道的な僧のほかに、慶滋保胤のような文人貴族が加わっていたが、源信の『往生要集』は、これら僧俗の結衆＝往生極楽の同行者の指南書であった。

源信は、『往生要集』の序で、「それ往生極楽の教行は、濁世末代《じょくせまつだい》の目足なり、道俗貴賤、誰か帰せざるものあらん」と述べているが、ひろく経・論・疏を渉猟して、往生浄土の要文を集録した『往生要集』は、浄土教の流布盛行に大きな役割を果たした。

では、『往生要集』は、どのような浄土教をあきらかにしたのであろうか。

源信は、まず、現世と来世（後世）とを対置する。「穢土」としての現世は、厭離されねばならず、来世の「浄土」は欣求されなければならない。この「穢土」には、地獄・餓鬼・畜生・修羅・人・天の六道が含まれるが、とくに人道《にんどう》は、不浄・苦・無常を免れることができず、身分・地位・財力を誇る権勢家も、穢土の宿命を拒むことはできなかった。

これに反し、往生浄土を願う念仏の行者には、十種の楽しみが待っている。すなわち、命終《みようじゆう》に臨み、阿弥陀如来や観音・勢至の諸菩薩が、光明を放ってあらわれ、浄土に迎える「聖衆来迎」、極楽浄土の蓮花の中に生まれ目のあたり如来を仰ぎ、浄土の聖衆の一人になった悦びを示す「蓮華初開」、心のままに、欲するものを見聞しうる「身相神通」、美を極め妙をつくした極楽の功徳を享受する「五妙境界」、無限に相続して楽しみを受ける「快楽《けらく》無退」、意のままに有縁無縁の衆生を極楽浄土に誘引する「引接結縁《いんじようけちえん》」、もろもろの菩薩や善人と共に一所に住する「聖衆倶会」、不断に仏を仰ぎ、吹く風、波の音にも妙法を聞く「見仏聞法」、昼夜六時、種々なる天華を諸仏に供養する「随心供仏」、浄土にいるというだけで特別の修行をせずとも、おのずから菩提（正覚）を成ずる「増進仏道」の十種の楽しみが、念仏の行者を待っている。

では、いかなる方法によって、浄土に往生できるのであるか。いうまでもなく、念仏を修することが第一であるが、しかし念仏は、次の五つの内容を含むものであった。すなわち、第一に、五体を用いて阿弥陀仏を礼する礼拝《らいはい》門、第二に、口を開いて仏の功徳を讃える讃歎《さんたん》門、第三に菩提心《ぼだいしん》を発《お》こし、正覚を成就しようと願う作願《さがん》門、第四に、仏の相好《そうごう》や浄土の荘厳を観ずる観察《かんざつ》門、第五に、修する善根を一切衆生に廻向《えこう》し、自他平等の無上菩提（正覚）を期する廻向門である。以上の五門が具備されることにより、念仏となるのである。

念仏は、したがって、清浄な閑処に建てられた三昧道場、または浄房で行なわれるのが通例である。阿弥陀の仏像を安置し、華香を供え、また燈明をあかるくして仏像に対することが望まれるが、西方の極楽浄土を観見するため、時には闇室を用いることもある。小声の念仏は、気が散乱しがちになるから、声を励まし、大声に念仏すれば、やがて三昧を成じ、浄土の聖衆を目のあたり仰ぐことができるであろう。

要するに、菩提心を発し、戒を持して悪を止め、念仏することが、往生浄土の道であるが、しかし念仏は、浄土の光景や阿弥陀仏の相好を観念することが肝要であり、この念仏の行法に不堪の者には、称名が認められた。

常行三昧の修法は、もともと天台の僧の学業の一つであり、したがって、念仏は、僧によってのみ唱えられるとの伝統に立脚しているが、にもかかわらず源信の『往生要集』は、「救済」としての浄土教の一面をあきらかにした。救済を求めることにおいて、出家者と在俗者との間には、本質的な差異がなかった。

しかし、源信の浄土教について、注目すべき点がある。第一に、その念仏は、美的観相的な極楽浄土への自己投入を志向しており、僧により、しかも微妙な音調にもとづいて唱えられた。金鼓に合わせ、民間庶民が狂噪的に唱和する空也流の念仏とは異なっている。第二に、源信の関心は「往生」と「三昧」との間にあった。否、三昧に入り、目のあたり弥陀仏の尊容を仰ぎ、極楽浄土の光景を観察することが、究極の目的であった。したがって、『往生要集』が示した「救済」を、ただ「往生」のみに結びつけて考えることはできない。したがって第三に、源信の浄土教の主客は、もちろん僧であり、そして次に貴族が含まれていた。世塵から隔離された閑寂所で念仏三昧に入ることは、またそれに結縁することは、選ばれた出家者や貴族にのみ可能であった。

平安中期以降の浄土教盛行の原因を、源信の『往生要集』の出現にのみ帰せしめがちであるが、しかし在家庶民に念仏を伝え、共に念仏して廻った市聖の空也の姿を見落してはならない。空也と源信はほぼ時代を同じくし、共に京都を中心として浄土教を説いたが、しかし、中心となる念仏は、それを受け容れた階層と同じく、全く異なっていた。

とにかく『往生要集』は、感覚的美的な極楽浄土の相を、貴族の心に植えつけた。源信は、欣求浄土の条件として、厭離穢土を強調したが、しかし、貴族は多くの場合、厭離穢土を媒介として欣求浄土に踏み切ったのではない。むしろ感覚的な極楽浄土の愉悦が、貴族の心情を捉えたというべきであった。

とはいえ、厭離穢土の教説が、当代の貴族層に無縁であったのではない。摂関体制の確立・地方武士層の抬頭など律令体制の変質は顕著であり、中下層貴族の没落に拍車が加えられた。貴族といえども、権門勢家と隷従関係を結ぶことなくしては、地位の安定を保ちえない。

この不可抗的な貴族社会の変貌は、仏教の説く「無常」「不定」の体験基盤となったであろう。『源氏物語』が象徴する平安貴族の哀れは、実は、人の心（愛情）の不定性にもとづくと共に、それ以上に、貴族社会そのものの無常・不定によるのであった。

しかし貴族たちは、現世（穢土）に絶望して、極楽浄土を願生したのではなかった。浄土は、現世と連結し、現世の願望を充足せしめる場所にほかならない。だから、貴族にとって、極楽浄土は、「往生」するところであると同時に、この身さながら、観相的美的なエクスタシイに参入せしめる三昧の世界であった。

藤原道長が建立した法成寺は、金堂を中心としてさながら極楽浄土の相を展開し、「唯だ極楽も斯くこそは」と歎ぜられたが、藤原後期、とくに院政時代に、京都の貴族の間に流行する阿弥陀堂も、極楽浄土のめでたさを一堂におさめ、『往生要集』が説きあかした十種の楽しみを、如実に身証する場所にほかならなかった。

三　浄土教の受容者

横川の首楞厳院の一室で臨終を迎えたときの源信は、装いをこらした美しい少年僧を、三人・五人と臥室に出入させ、また左右に端坐せしめ、目を閉じながら、その姿を観ずるなど、ほとんど「狂言」に近いとさえ評された。いうまでもなく、容貌端正な少年僧によって、極楽浄土の聖衆来迎《しょうじゅらいごう》を観相する縁としたのである。源信は、阿弥陀如来の御手に繋いだ糸の一端を執ったまま、安らかに入寂したが、源信を含む往生人の行実を録した往生伝が、いくつか伝えられている。

慶滋保胤が寛和元年（九八五）、すなわち源信（恵心）が『往生要集』を完成した翌年に集録した『日本往生極楽記』一巻は、日本最初の往生伝であり、聖徳太子以下、四十二人の往生人の行状を記している。以下、大江匡房の『続本朝往生伝』（一巻）、三善為康の『拾遺往生伝』『後拾遺往生伝』（各三巻）、沙弥蓮禅の『三外往生記』（一巻）、藤原宗友『本朝新修往生伝』（一巻）に至るまで、約一世紀半の間に、あいついで五つの往生伝がつくられ、通計して二百名に及ぶ往生人の行実が記載せられている。藤原宗友が『本朝新修往生伝』を撰した仁平元年（一一五一）は、かの法然が専修念仏に帰した安元元年（一一七五）より二十余年前に当り、したがって、『日本往生極楽記』以下の往生伝は、法然以前の浄土教の諸相を伝える重要な資料というべきである。

さて右の往生伝の撰者は、出家者でなく、すべて在家者であった。もともと仏道修行は、出家者のみによって辿られねばならないが、しかし往生浄土の救いは、仏道修行に堪えぬ在家者において、切実に望まれた。往生伝の各撰者は、出家者よりも、むしろ在家者の結縁を意図していたのであろう。

各往生人の大半は、出家者によって占められているにもかかわらず、在家者の数は比較的多い。『日本往生極楽記』を例にとれば、四十二名の往生人中、在家者は十一名を数え、その中には、宮内卿・右近衛少将の中央官人や伊予の在地官人、受領の妻などがある。また他の往生伝では、禰宜・神人・滝口・屠児・盗賊・奴なども往生人として記せられている。

しかし往生伝を一瞥して気付くことは、往生浄土の行法が種々雑多なこと、および往生のあかしが、来迎の奇瑞や夢告に見出されている点である。

まず第一に、往生を可能ならしめたのは、必ずしも、一種類の行法だけではない。否、ただ一種類の行法のみによって往生を遂げるのは、むしろ例外であって、通常は、読経・法華三昧・真言法・持咒・陀羅尼《だらに》・持戒・坐禅・造仏・建堂・写経および念仏などの兼修、すなわち諸行往生の立場である。したがって、阿弥陀一仏に帰依するよりも、釈迦をはじめ、文殊・不動・帝釈天・毘沙門天・地蔵・虚空蔵などに往生浄土を祈念している場合が多い。読誦され書写された経論の中では、『法華経』が最も深く信仰された事実を示している。

源信は『往生要集』で、「往生の業は念仏を本と為す」と述べたが、その念仏を、必ずしも「口称」に限定せず、しかも常行三昧の立場を貫き、「観相」に優位を認めた。この観相重視の浄土教は、「往生伝」においても明瞭に現われている。すなわち第二に、「往生伝」の念仏の行人が、聖衆の「来迎」に焦点を置いているからである。もし臨終に際し、「紫雲」や「音楽」の瑞相があり、あるいは夢中に往生人が現われて往生極楽の悦びを告げるならば、それは往生浄土を成就した何よりの証しである。源信が死期の近きを知り、美しい少年僧を臥室に出入させ、聖衆来迎の観相の縁としたが、往生人は、実在としての聖衆来迎を待ちつづけた。「救済」は、最後臨終の一瞬において与えられ、しかも、それは「証《あか》し」を必要とした。「聖衆来迎」の悦びを眼目とする浄土教を広めた点において、『往生要集』出現の意義は注目に価する。

聖衆来迎を法会化《ほうえ》したのは、迎接会《ごうしょうえ》・迎接講または迎講《むかえこう》と呼ばれるものである。二十五人の僧が宝冠を戴き、菩薩の面をつけて装いを凝らし、香爐・天蓋・幡幢を奉じ、あるいは楽器を奏するなど、二十五菩薩に擬し、弥陀三尊を囲んで来往する劇的光景は、聖衆来迎の悦びを目のあたり髣髴せしめるのであった。書博士の安部俊清は、臨終に際し、左右を顧みて、「ほのかに音楽を聞く、その儀、雲居寺《うんご》の迎講の如し」と語ったが、京都では雲居寺のほかに、六波羅蜜寺・雲林院《うりんいん》・吉田寺などで催される迎講が、上下貴賤の随喜者を集めており、また大江挙周《たかちか》は受領《ずりょう》となって丹後に赴任すると、早速、迎講を始めている。

聖衆来迎図の製作も盛んとなった。源信作と伝える高野山の聖衆来迎図は、彩雲に乗った二十五人の聖衆が音楽を奏し、あるいは舞踊しながら、金色燦然たる中尊をかこみ、静かに湖水の間に進出して来る光景を画いている。当麻寺《たいま》の浄土変相図において主題となった極楽浄土の光景そのものは、ここでは全く描かれておらず、ただ来迎する聖衆の描写に、画面の大部分があてられているのである。

聖衆来迎の法悦を中心とする浄土教が広まったことにおいても、『往生要集』の役割は重要であった。そして時代の進行と浄土教の盛行は、空也が唱えた念仏と、源信があきらかにした聖衆来迎とを、結合せしめていった。

四　浄土教と社会

釈迦の時代を中心として、正法《しょうぼう》・像法《ぞうぼう》・末法《まっぽう》の三時を区分する説は、これを説くいくつかの経論とともに、すでに奈良時代には日本に伝えられていた。正法の千年間は、釈迦の教と、その教に従う修行者と、その修行の証果の三つが具わっているが、像法の千年間には、教・行はあっても証はなく、さらに末法の時代ともなれば、教のみあって、行・証ともに姿を消してしまう。仏道の衰退を、修行者の機根の下向に結びつける正・像・末三時の説は、もともと在家者には直接の関係がなく、いわば出家者自身の問題であり、最澄の天台宗創立の意図も、像法の時代についての危機意識が背景をなしていた。

しかし、日本において、像末から末法への時代の推移は、あたかも古代国家の実質的崩壊と時期的に一致していた。摂関制の確立により、中・下層貴族層は、身分的・経済的な動揺に直面したが、また地方名主《みょうしゅ》武士の抬頭、悪僧神人《じんにん》の横行や相つぐ天変地異は、末法到来の教説を裏づける結果となった。仏の救済から見放され、救いなき奈落に投げ出されたことを意味する末法の脅迫は、あたかも加速度的な古代国家の崩壊の様相を通して、貴族階層の体験となったのである。

「厭離穢土」を高調する『往生要集』は、没落貴族の心情に通うものであった。末法の諸相は、現世肯定の態度を転換して、現世否定の態度をとらしめる。「長谷寺すでに以て焼亡し了んぬ、……霊験所第一なり、末法の最年にこの事あり、これを恐るべし」と一貴族が日記に記した永承七年（一〇五二）を境として、末法に入ったが、浄土教の弘通は、古代国家の危機の深化に比例していた。

しかし、末法の危機意識は、とくに行・証から見放された出家者において、切実であった。なぜなら、末法に生まれあわせたことは、出家者にとって、出家の本来の意義の喪失を意味したからである。しかし末法の教説を裏づける現実は、貴族の場合と同様、出家者の場合においても具備していた。たとえば、比叡山は、もはや「国宝」（菩薩僧）の修行地ではなくなり、兵仗をたずさえた悪僧の集合地の観をすら呈していた。かれらは、園《おん》城《じょう》寺（三井寺《みいでら》）との合戦をくりかえし、また日吉神社の神輿をかついで強訴するのを例とした。南都興福寺の悪僧も、これと同様であり、濁悪末世の様相は、大寺の内と外とを区別しなかった。

真面目な求道者が、大寺のこの内部事情に嫌悪ないし反撥を感じたとしても不思議でない。しかも浄土教は、かかる末法悪世の人々の救済を呼びかけているのである。

かくして大寺近傍の恰好の地を選び、あるいは遠く前代以来の山林仏教の伝統を引く深山幽谷の中に、真摯な求道者による別所が設けられた。別所の聖《ひじり》たちは、名聞利養に対する訣別を表示する墨染《すみぞめ》の衣を着し、念仏の生活を送った。聖は、また「上人《しょうにん》」の名で呼ばれているが、かれらは、俗世間からの最初の出家と、大寺からの隠遁離脱の二重の出家者であった。

『梁塵秘抄』に、「山寺行ふ聖こそ、あはれに尊きものはあれ、行道引声《ぎょうどういんぜい》阿弥陀経、暁懺《せん》法《ぼう》釈迦牟尼仏」と歌い、また聖の住所として、大峯・葛城・石槌・箕面・勝尾・書写・熊野などを挙げているのは、もともと聖が、山林抖擻《とそう》の験者《げんざ》の系譜を引くからであるが、浄土教の聖は、しばしば「阿弥陀聖」「念仏聖」などとも呼ばれた。

念仏聖が隠遁する別所として著名なのは、比叡山の横川や黒谷、西坂本の大原、南都では光明山寺《こうみょうせんじ》、小田原、多武峯、摂津の四天王寺、高野山の蓮華谷などであるが、そのほか、近江の石塔別所、山辺別所、備中の新山別所、太宰府安楽寺の内山別所などの名も見える。これらの別所の念仏聖や、賀古の教信のように入道して在家生活をつづける沙弥などが、浄土教の民間流布に、直接間接の影響を与えた。

大原の良忍は、融通念仏を勧めたことで有名である。一人が唱える念仏の功徳と、衆人の唱える念仏の功徳とが融通して、往生浄土の縁となることを説くが、この場合の念仏は、別所聖の限界を超え、同行同志の広い結縁を予想している。声明《しょうみょう》道の中興といわれた良忍は、常行三昧堂の念仏を、在俗者の間に広めたのであり、その美しい旋律は、人心に深い感動を与えた。

南都東大寺の念仏別所である光明山寺には、永観《ようかん》がいた。永観は良忍と同時代の人であり、東大寺別当を辞して後は、京都東山の禅林寺に籠り、救済としての浄土教を求めて、『往生拾因』を著し、とくに「励声念仏」を勧めた。

法然は、もと比叡山の黒谷別所で生涯の大半を送った念仏聖であるが、その師の叡空は、良忍の弟子であった。

さて、浄土教の発達が、古代国家の解体期に合致したことは、注目すべき事実である。いうまでもなく、南都・北嶺の古代仏教は、鎮護国家を共通の使命としていた。仏法は王法（古代国家）を擁護し、王法は仏法を擁護すること、すなわち「王法仏法相即」が、古代仏教の根本理念であった。

王法（古代国家）の実質的な解体の時期に、しかも、王法仏法相即を伝統とする天台の中から、空也や源信が現われて浄土教を広めた。浄土教は、「王法」への配慮を何ら示すことなく、ただ「個人」の救済のみを志向している。浄土教においては「王法」を含め、現世はすべて「穢土」として厭離すべき対象となっていた。

教理的に、仏教は本来、国家権力（王法）と直接の内的関連をもたない。しかし、鎮護国家の伝統に立つ日本の仏教の中で、「王法」を正客とせぬ仏法が説かれたのは、浄土教が最初であった。もちろん浄土教は、意識的に「王法」を疎外したのではない。「王法」の疎外は、いわばその結果にほかならないが、しかし同時に、「王法」―古代律令国家―から見放された没落貴族層や、そして後には在家一般庶民に対する救済は、浄土教によって準備せられた。そして浄土教の盛行は「王法」解体の進行に比例したのである。

五　二つの浄土教

平安中期以降の浄土教は、大別して次の二つの系統に分けることができる。

第一は、源信の場合であり、極楽浄土の美的情緒的な自己投射が中心をなし、「念仏」よりも「観相」に重点がおかれている。在家者にとって、念仏は、唱えるものではなく、聞くべきものであった。美を尽くした阿弥陀堂に、声よく、姿うつくしい僧が集められ、極楽の愉悦は、感覚的に享受された。『往生要集』に導かれた貴族層の浄土教は、阿弥陀堂に象徴される地上の荘厳、また容姿・音声ともにすぐれて美しい僧を必要とした。僧は、この場合、法を説く師ではなく、また病を癒す験者でもなく、極楽の聖衆であった。阿弥陀堂をはじめ、堂内の阿弥陀像や聖衆来迎図などいわゆる浄土教美術は、貴族の浄土教信仰にとって不可欠であった。

第二は、空也の場合である。源信に先立って浄土教を説いた市聖の空也は「念仏」そのものに意義を認め、在家庶民に念仏を広めた。金鼓にあわせて唱和するこの念仏は、狂噪的であり、美的情緒的な前者の念仏と異なっているが、しかし、とくにこのための調度設備や荘厳、すなわち堂舎や仏像ないし念仏僧を必要としない。念仏は、みずから唱え、また他と共に唱えるものであり、聞くためのものではなかったからである。

浄土の観相に通ずる「聞く」念仏と、自己の往生に結びつく「唱える」念仏とを明確に区別することは不可能であろう。最後の病床に臥した藤原道長は、治病のための祈禱や修法を拒否し、「更に更に、已れを哀れに思はん人は、此の度の心地に祈りせんは、なかなか恨みんとす、已れをば、悪道に落ちよと、惑はさばこそ有らめ、唯だ念仏をのみぞ聴くべき」と願ったが、しかし出家したかれは、みずからも唱名念仏している。

思うに時代の推移に従い、「聞く」念仏と「唱える」念仏とは、融合の方向を辿るのであり、浄土教の盛行は、畢竟、「唱える」念仏者層の拡大を意味するのである。四天王寺の西門外の念仏所で、出雲聖人が興行した百万遍念仏には、鳥羽法皇や前関白藤原忠実などの上層貴族が参詣し、念仏衆の一人として、一般庶民に交わって念仏している。

しかし「聞く」念仏は、阿弥陀堂がかもし出す美的観相的な浄土の幻想に通じ、したがって、貴族の世界に属しているのに対し、「唱える」念仏は、老少男女を問わず、道場や聚落において、群集して行なうべきものであり、したがって、在家庶民の世界に属していたと考えられる。

右の区別は、なお浄土教受容の心的態度の問題とも関連してくる。源信が『往生要集』で、現世の否定―厭離穢土―を力説したことは、既述の通りであるが、浄土教に傾斜する貴族の心情は、しかし、厭離穢土に徹するというよりは、むしろ、欣求浄土に心を惹かれるものがあったといえよう。かくして極楽浄土は、感覚的に理解され、現世と相ならぶ美的観相的な対象となるのであるが、もし貴族たちをして、浄土に心を向けさせた転機を求めるならば、それは「無常」「不定」の意識であったといえるであろう。この無常・不定の意識が、平安中期以降の古代律令国家の全般的な危機―貴族層の不安・動揺―に原因していることはいうまでもないが、他方、一般庶民は、貴族層に共通なこの種の危機意識とは、直接の関係がなかった。かれらには、貴族層を脅かす不安・動揺の体験基盤がなかったからである。

では、かれらが空也の金鼓に和し、声を挙げて念仏したのは何故であるか。―それは、人間であることの「宿業」の自覚によるのであった。身分と生業との不可分な当時の社会において、貧窮下賤な庶民に生まれてきたことは、あきらかに前世の宿業の然らしめるところであるが、かれらは、この宿業からの解放・離脱の願望を、浄土教に托したのである。

次の時代になって、法然や親鸞が浄土教を説くとき、「無常」については殆んど触れず、「宿業」「罪業」を繰り返し説いたことが思いあわされる。この法然・親鸞の浄土教の対象が、在家庶民であったことは偶然でないのである。

法然とその教団

一　法然の生涯と専修念仏

融通《ゆうずう》念仏を唱えた大原の良忍《りようにん》が、六十一歳で死んだ年にあたる長承二年（一一三三）に、美作国《みまさか》（岡山県）久米郡の地方武士を父として、法然《ほうねん》が生まれた。山陽線の岡山駅から津山線に乗り換え、左右から逼る丘陵の間を行くこと約四十キロで誕生寺駅に着くが、その駅名を冠せられた誕生寺は、法然一家の邸跡に建てられた寺であり、小高い山にかこまれたこの盆地一帯に、かつて久米郡の押領使《おうりようし》であった法然の父漆間《うるま》時国《ときくに》の所領が拡がっていた。

時あたかも古代末期の動乱期にあたり、朝廷および上層貴族間の内訌が深刻化し、政権の所在地である京都ですらも悪僧・神人《じんにん》・武士の闘諍が繰り返され、その間に、清盛を頂点とする武士の勢力が次第に強化されていた。法然の父時国が領有していた久米郡に、堀河院の稲岡荘があった。この荘園の預所《あずかりどころ》である明石《あかし》源内武者《げんないむしや》定明《さだあきら》の夜襲にあって時国は死去し、漆間一家は離散を余儀なくされた。定明の急追を免れるために、九歳の法然は、北東三十キロの山中にある菩提寺に身を隠した。

父の時国を見舞った悲しい運命は、同時に法然の母秦氏を捉えたかも知れない。しかし母の姿は、父の死をもたらしたこの事件以後、数ある法然の伝記から、申し合わせたように消え去っている。九歳以後の法然は、彼を愛し、彼をいつくしむ身内の女性をもたぬままに成長した。後年の法然に見られる激しい求道心は、いとけなくして肉親を喪った心の傷手の深さに、比例しているようである。と同時に、法然の辿った道が、最後に本願他力の救済にめぐりあったことは、愛情に恵まれぬ少年時代の淋しさが反映しているのではなかろうか。

菩提寺で三年間余りを過ごしたが、やがて久安元年（一一四五）に十三歳で叡山に登り、十五歳で出家受戒した。戒師は、『扶桑略記』の著者として知られる皇円《こうえん》である。しかし三年後に、叡山西塔黒谷の叡空《えいくう》の室に移り住んだ。大原とともに、黒谷ははやくから別所として、念仏聖《ねんぶつひじり》の一中心地をなしており、多感な十八歳の法然は、現世の栄進を求める代りに、求道者の中に自己の行路を見いだした。黒谷での生活が、どのようなものであったかについては、ほとんど分からない。しかし自己を脅かす不安の克服を目指して、法然は限りない精進を続けた。

その間、嵯峨の釈迦堂に参籠して、求法の一事を祈請し、後、南都に赴いて蔵俊に法相を承け、また三論や律について学ぶところがあった。とくに法然は南都遊学中において、永観・重誉・珍海・昌海・実範らに伝わる南都浄土教に、直接ふれるところがあったであろう。つまり源信に発する天台浄土教が観相に優位をおいていたのに対し、南都の浄土教は、永観の『往生拾因』や珍海の『決定往生集』に見られるように、本願他力を基調とする唐の善導《ぜんどう》の『観経疏』に比重を認めていたのである。

長い求道的彷徨の末、ついに承安五年（一一七五）に四十三歳の法然は、精神の黎明を体験した。彼は、自己の求めているところのものが何であるかを知り、しかも、それで現実に与えられたとの確信に到達した。

法然の回心《えしん》を支えたのは、『観経疏』の、とりわけ、「一心に専ら弥陀の名号を念じ、行住坐臥《ぎょうじゅうざが》に時節の久近を問わず、念々に捨てざるを、これを正定の業と名づく、彼の仏願に順ずるが故に」という善導の言葉であった。本願の念仏こそ、末代悪世の衆生のために、弥陀がかねて用意したものである。五濁の凡夫は、念仏なくして浄土への往生ができず、浄土への往生なくして永久に救いにあずかることができない。後年、回心の感激を回顧して、法然は、「貧道、昔、この典（『観経疏』）を披閲して、ほぼ素意を識《さと》り、たちどころに余行をすてて、ここに念仏に帰す」と記している（『選択集』）。法然の専修念仏帰入は、『無量寿経』に説かれる法蔵菩薩の、「もし我れ仏を得たらんに、十方の衆生、至心に信楽して我が国に生ぜんと欲して乃至十念せんに、もし生ぜずば正覚を取らじ」という第十八願に基づくのであるが、弥陀の本願と法然との出会いには、「西方の指南、行者の目足」とされる善導の『観経疏』があった（『選択集』）。『観経疏』によって、法然が専修念仏の一行を選んだことは、逆にいえば、源信が『往生要集』で列記した様々な行業を、捨て去ることを意味した。つまり約三十年間、それによって培われ、それによって導かれて来た天台教学に対して、今や法然はこれを批判し、これと訣別せざるをえなくなった。

王法・仏法の相即に住し、鎮護国家の祈念を事とする天台教団も、しかし、古代国家の広汎な崩壊に直面して、自己の手で教団の秩序を維持しなければならなかった。とくに院政期に集中的に見られる悪僧神人の闘諍は、古代国家との対立、ひいては古代権力（＝王法）に対する不信の表明にほかならない。国家権力と結びつきながら、しかもこれまでのように、王法・仏法相即の安易な肯定にとどまりえない矛盾こそ、解体期にある古代国家の深刻な危機を告知するものであった。

法然の専修念仏帰入は、右のような危機克服の一つの道として辿られた。天台を含む聖道門について、「それ速かに生死を離れんと欲せば、二種の勝法の中には、しばらく聖道門を閣《さしお》きて、選びて浄土門に入れ」と断言しえたのも（『選択集』）、古代国家と結ぶ聖道門に、究極の依拠を見出しえなくなった法然の、遍歴があったからであろう。いうまでもなく、法然の選びとった浄土門は、国家と結びつく契機をもたず、直接、個人の魂の救済を志向した。

専修念仏に帰した法然は、二十数年来、住みなれた叡山の黒谷を出て、京都東山の大谷の地に移った。法然の回心《えしん》が、天台乃至天台を含む聖道門の批判克服を前提としている限り、これ以上、叡山に止住することは、何よりも法然自身を納得せしめなかった。

叡山を離れ、東山の大谷に移り住んだ法然は、もとどおり「聖《ひじり》」の生活を送ったが、しかし、大原や黒谷、あるいは四天王寺などの念仏別所の「聖」と異なるのは、法然自身、これらの聖が今なお交渉をもっている聖道門に対して、精神的な訣別を告げたことであった。その生活様式からすれば、墨染の衣をつけた一介の念仏僧にすぎなかった法然も、本願他力の回心を経験したことによって、聖道門の埒外に身を置いた。

町々の辻に出て、自己の信念を激しく吐露した日蓮のような行動は、法然には相応しくなかったらしい。まして聖道門の「折破」を、自己の正説顕揚と同一視する態度も、法然には見られなかった。しかし、富貴の者よりは貧賤の者に、智恵ある者よりは愚痴なる者に、持戒の者よりは破戒の者に、救いの手を差しのべる如来の慈悲を、おそらく法然は、彼を訪ねる人々に対して、率直に説いたであろう。また東山大谷にある法然の居所は、かかる福音を、洛中洛外の民衆に伝えるに好都合であった。法然は、「平等の慈悲」に催されて、一切衆生を救うためにおこされた弥陀の本願が、とくに「貧窮困乏」「愚鈍下智」「少聞少見」「破戒無戒」の輩、すなわち下層民を対象とすることの確信を、大谷において深めることができた。

叡山で修学中、一切経を五度よみ返し、その多聞高才を謳われた法然も、しかし、大谷に下った後は、天台僧侶の関心をすら引くような存在ではなかったらしい。つまり法然は、ただの「念仏聖」として見られていたのであろう。しかし法然が、ただの聖でなかったことは、専修念仏を受容する在家人の増加によって、次第に顕著になって来た。

法然が、「念仏聖《ひじり》」としてではなく、彼が説く「専修念仏」のゆえに、聖道門に属する有力な僧侶の注目を引き、ついに彼らと話し合う機会をもったのは、法然の大谷止住後十一年目に当る文治二年（一一八六）のことである。その場所の名にちなんで、「大原談義」として知られるこの集会に参加したのは、談義の提唱者である天台の顕真（後に天台座主になった）をはじめ、天台の学匠として著名な智海・証真、光明山の明遍、笠置の解脱房貞慶など、南都北嶺の当代一流の碩徳であり、そのほか三百名に及ぶ聴衆も集まった。

「このたび如何がして生死を解脱すべき」という顕真の質問に対し、法然は、聖道門の教法は義理ふかく利益もすぐれているが、「ただし源空（法然）のごとき頑愚のたぐいは更にその器にあらず」として、専修念仏の一行によってのみ救われる所以を説き明かし、満座の聴衆を帰伏せしめた。

大原談義は、これまで庶民の間に専修念仏を勧めて来た法然の存在を、私的ではあるが、聖道門に属する学匠碩徳に認めさせたことを意味する。大原談義の行なわれた二年後には、摂政九条兼実が法然を招き、「法文語及び往生業」を談じたが、以後、兼実一家と法然との交渉が始まる。

二　教団の形成と圧迫

法然の対社会的活動の成果は、やがて門弟入室の事実となって現われた。法然の有力門弟の中で、入室年次の不明な行空・空阿弥陀仏、および承安五年（一一七五）の専修念仏帰入以前から、法然と師弟の関係にあった信空・感西の四名を除き、証空・源智・聖光・親鸞・長西・幸西らの入室年次を見ると、もっとも早い証空の場合でも、法然はすでに五十八歳、もっともおそい幸西の場合になると、法然はすでに七十六歳に達している。つまり法然の死後、分立した浄土教団の指導者になった人たちも、法然が専修念仏を唱えて後、二十年もしくはそれ以上の間、専修念仏に対してはただの傍観者であり、ようやく法然が六十歳前後に達した頃から、入室を始めているのである。

法然の門弟になった僧も、もとは、天台などの聖道門に属していた。ところが法然の室に投じたのは、かつて法然が辿ったと同様、みずから聖道門と訣別して、専修念仏に帰したことを意味する。こうして聖道門より浄土門に投じた人々により、法然を中心とする専修念仏教団が形成せられていったが、この教団に属する人々が、反聖道門的であるのは当然であった。

専修念仏者によって図絵された「摂取不捨曼荼羅」は、専修念仏教団のもつ反聖道門的性格を、端的に示している。この絵画の原本乃至模本は、一本も現存せず、ただこれを非難した「興福寺奏状」や『摧邪輪』などの記事によって、推測するしかないが、それによると、この絵画は、特に在家人を対象として製作されていた。すなわち曼荼羅の中央には、光明を放つ弥陀が描かれ、その周囲には「在家出家諸人」が配置されているが、如来の光明を蒙っているのは、「在家称名諸人」であり、「出家雑行人」に対しては、種々な光明も、「或は枉って横を照らし、或は来たりて本に帰る」という有様である。また中には「尊げなる僧の経よみて居たるには、光明ささずして、殺生する者に摂取の光明さし給える様」を図した曼荼羅もあった（『沙石集』）。

法然は、往生浄土を果遂せしめるものとして、ただ専修念仏の一行のみを選んだ。しかし専修念仏の先蹤は、すでに法然以前においても見出すことができる。「一生の間、弥陀の号を称し、昼夜やすま」なかった沙弥教信や（『日本往生極楽記』）、「念仏の外、他の行業がな」かった寂因などの諸例が（『本朝新修往生伝』）、『往生伝』などに見られるのである。そしてこの点からすれば、法然は、これらの念仏者と変るところがない。

しかし法然を、他の念仏者から区別する契機の一つは、法然が、専修念仏の教義を体系化したことである。やがて『選択本願念仏集』として結実する彼の主著には、「それ速かに生死を離れんと欲せば、二種の勝法の中には、しばらく聖道門を閣《さしお》きて、選びて浄土門に入れ」と述べ、浄土門に入ろうとするならば、正雑二行の中で、もろもろの雑行を抛《なげう》って正行に帰すべきであり、正行の中でも助業を傍《かたわら》にして、正定の行をもっぱらにすべきであると主張する。「正定の業とはすなわちこれ仏名を称するなり、名を称すれば必ず生ずる事を得、仏の本願に依るが故なり」。天台・真言・三論・法相などの聖道門は、法然の立場からすれば、時機不相応であるとされなければならない。そして専修念仏の救いこそ、末代五濁の凡夫に相応しい教法であるとの理論づけが、はじめて法然によってなされた。

専修念仏に帰した人々により、次第に「浄土宗」が形成されていった。もちろん、経済的基盤としての寺領荘園をもつ聖道門教団とは異なり、むしろそれは法然を中心とする求道者＝念仏者の集団に外ならなかった。しかしこれらの念仏者は、専修念仏の教義がそうであるように、反聖道門的であることと、また在家者を対象とすることにおいて、聖道門教団、とりわけ南都北嶺の警戒を拒みえなかった。

元久元年（一二〇四）七月、叡山の衆徒が会同して、専修念仏停止を朝廷に訴えた。彼等の非難は、専修念仏の教義そのものに向けられたのではなく、専修念仏者、すなわち法然やその門弟の非行に集中した。そこで法然は、「普く予が門人と号する念仏上人等」を集め、訓諭の形式で、七箇条の制誡を記し、終りに法然が署名し、つづいて門人が署名したが、当日の七月七日には八十名、八日には六十一名、九日には四十九名、合計百九十名が名前をつらねた。

「七箇条制誡」の後文において法然は、「年来の間、念仏を修すと雖も聖教に随順し、敢て人心に逆わず、世聴を驚かすことなし、これにより今に三十箇年、無為にして日月を捗る」と述べ、法然が専修念仏に帰した承安五年（一一七五）以降、元久元年（一二〇四）に至る約三十年間、東山大谷で、平穏な聖《ひじり》の生活を送っていたことを記し、つづいて、「此の十ヵ年以後、無智不善の輩、時々到来、ただに弥陀の浄業を失うのみにあらず、また釈迦の遺法を汚す、何ぞ炳誡を加えざらんや」といって、法然のほぼ六十歳以降―大原談義以後―法然の言動がようやく世間の注目の的となると共に、専修念仏者が増大していった事実を語っている。

九条兼実の依頼によって、撰述したといわれる『選択集』は、聖道門教団と専修念仏教団との対立が、表面化して来たこの時期に成立したと考えられる。法然は、専修念仏の教義を体系化する必要に逼られたが、それが兼実の依頼であったにしても、とくにこの頃、聖道門教団との緊張が高まりつつあったことを考慮するとき、それは法然自身の内的要求でであったと推察される。

だから「七箇条制誡」において掲げられた訓諭の主要部分は、『選択集』において、すでに法然自身により論述されていた。たとえば、「七箇条制誡」の、「未だ一句の文をも窺わずして、真言止観を破し奉り、余の仏菩薩を謗るを停止すべき事」という天台・真言に対する批判の停止は、『選択集』の、「たとえ先に聖道門を学せる人と雖も、若し浄土門においてその志あらん者は、須く聖道門を捨てて浄土に帰すべし」、また「いよいよ須く雑を捨てて尊を修すべし、豈に百即百生の専修正行を捨てて、堅く千中無一の雑修難行を執せんや」という激しい聖道門批判の態度に通じるし、「無智の身を以って有智の人に対し、別行の輩に遇うて、好みて諍論を致すを停止すべき事」という制誡の一条も、しかし法然の『選択集』そのものが、「有智人」「別行輩」である聖道門諸家に対する諍論であった事実を、かくすことはできない。さらに専修念仏教団が受けた非難に対し、しばしばその口実となった念仏者の破戒無慙の所行についても、『選択集』において法然は、「もし持戒持律をもて本願とし給わば、すなわち破戒無戒の人は定めて往生の望みを絶たん、しかるに持戒の者は少く、破戒者は甚だ多し」という現実認識の上に、「布施・持戒乃至孝養父母等の諸行を選捨して、専ら仏号を称するを選取す、故に選択というなり」として、持戒持律を雑行として抛っている。だから『選択集』の巻尾に、「庶幾《こひねがはく》は一たび高覧を経て後、壁底に埋めて、窓前に遺すこと莫かれ、恐らくは破法の人をして悪道に堕せしめん事を」と記した法然の予感は、法然の死後十五年目の嘉禄三年（一二二七）に「謗法書」の烙印を受け、『選択集』が焚書の厄に遭った事実として的中したばかりでなく、聖道門に対決する専修念仏そのものの運命をも示唆していた。

三　法然門下への迫害とその事情

叡山衆徒の鬱陶は、法然が行なった門弟戒飭の措置によって、一応緩和されたが、翌元久二年（一二〇五）には、興福寺が奏状を捧げて、専修念仏の停止を要請した。笠置の解脱房貞慶の起草と伝えるこの奏状は、第一に勅許なくして私に念仏宗を号すること（新宗を立つる失）、第二に摂取不捨曼荼羅を図して聖道門の行者を誹謗すること（新像を図する失）、第三に弥陀一仏に帰依して、余仏、とくに釈尊を礼拝しないこと（釈尊を軽んずる失）、第四に念仏以外の諸善根を嗤うこと（万善を妨ぐる失）、第五に神明を拝さないこと（霊神に背く失）、第六に念仏のみを選び余行を捨てて顧みないこと（浄土に暗き失）、第七に念仏の中でも観念を本とし、多念を先としなければならぬにもかかわらず、これを誤って「口称」のみに限定していること（念仏を誤る失）、第八に破戒を宗として道俗に迎合すること（釈衆を損ずる失）、第九に王法・仏法相即に立脚せぬ専修念仏の興行は、国土の理乱を招くこと（国土を乱る失）を指摘したが、すでに専修念仏が、東海・北陸地方にまで弘通している事実を認めている。

「興福寺奏状」は、以上の九箇条の失を列挙した上で、前代未聞の八宗同心の訴訟により、専修念仏の宗義を糺弾することを要請し、さらに先年、叡山の推問に接し、法然が七箇条の制誡をなしたところ、法然の弟子たちは、「上人（法然）の詞みな表裏あり、中心を知らず、外聞に拘るなかれ」と通俗に告げているのみならず、法然および専修念仏者の邪見の利口は、まったく改変するところがない、よって法然およびその門人を罪科に行ない破法の邪執を止めるよう訴えた。

元久三年（一二〇六）には、法然門下の中で、法本房行空と安楽房遵西の二名が捕えられたが、この両名は「偏執、傍輩に過ぐ」とされたように聖道門に対する批判、および一般庶民に対する感化影響力において、目に余る活動を行なっていたからである。興福寺側は行空・安楽の外に成覚房幸西・住蓮らをも罪科に行なわるべきこと、とくに仏法滅亡の責任者であり、また不謗諸教の起請を進めているにもかかわらず、なお誹謗を止めず、したがって違勅の張本である法然には、重い罪科が至当であること、宣下の状に「源空上人」とあるが、上人号は兼智徳の者についていわれるべきであり、法然のような僻見不善の者には適当でないこと、また「門弟の浅智より起こり、源空の本懐に背く」とあるのは、いかにも法然に過怠がないように受けとれること、自後、念仏宗の宗の字および専修の名号を、停止せしめるべきことなどを申し入れた。

法然およびその一門の処罰に関し、興福寺側の要請通り、事態が円滑に動かなかったのは、この処理に参画した貴族の中に、専修念仏への同調者乃至支持者があったからである。蔵人頭として、法本・安楽の事件を担当した三条長兼は、興福寺を氏寺と仰ぐ藤原貴族の一人であるにもかかわらず、「その操行において、たとえ不善をなすと雖も、勧むるところ執るところ、ただ念仏往生の義なり、この事に依り罪科に行なわる、痛哭すべし々々、この時に当りこの事を奉行する、先世の罪業の然らしむるか」とその日記『三長記』に記して、自己が属する興福寺側の要求と、自己の魂が傾く専修念仏との板挟みの苦衷を告白している。だから興福寺衆徒の奏状による念仏宗宣旨の仰詞について、後鳥羽上皇より諸卿に諮問があった時、東宮傅の大炊御門頼実は、政治問題として専修念仏を取り上げるべきでないこと、また念仏の勧進は、罪ということができず、もしこの宣旨を、念仏停止と心得るような者が出てくれれば、それこそ罪業である点を指摘した（『三長記』）。

もし住蓮・安楽の事件が発生しなかったならば、たび重なる興福寺側の催促にもかかわらず、法然およびその門下の処罰は、具体化しなかったかも知れない。東山大谷に隣接する青蓮院に止住していた慈円（九条兼実の異母弟にあたる）は、これについて、やや詳細に記している。

安楽房トテ泰経入道ガモトニアリケル侍ノ入道シテ専修ノ行人トテ、又住蓮トツガイテ、六時礼讃ハ善導和上ノ行ナリトテ、コレヲタテヽ、尼ドモニ帰依渇仰セラルル者出キニケリ、ソレラガアマリサヘ云ハヤリテ、コノ行者ニ成ヌレバ、女犯ヲコノムモ魚鳥ヲ食モ、阿ミダ仏ハスコシモトガメ玉ハズ、一向専修ニイリテ念仏バカリヲ信ジツレバ、一定最後ニムカヘ玉フゾト云テ、京田舎サナガラコノヤウニナリケル程ニ、院ノ小御所ノ女房、仁和寺ノ御ムロノ御母マジリニコレヲ信ジテ、ミソカニ安楽ナド云モノヨビヨセテ、コノヤウトカセテキカントシケレバ、又グシテ行向ドウレイタチ出キナンドシテ、夜ルサヘトドメナドスル事出キタリケリ、トカク云バカリナクテ、終ニ安楽頸キラレニケリ、法然上人ナガシテ京ノ中ニアルマジニテヲハレケリ（『愚管抄』）。

ここで注意されるのは、住蓮・安楽らが六時礼讃をつとめ、また院の女房たちが、音楽的哀傷をもつ六時礼讃に、動かされたことである。「六時礼讃は、法然上人の弟子安楽といひける僧、経文を集て造りてつとめにしけり」とされるが（『徒然草』）、その源流は、円仁が天台山より伝えた声明に求められる。法然の師叡空が師事した良忍は、声明道の中興といわれ、誦経や念仏にも応用せられた声明は、哀婉雅亮の響によって、人心を感動せしめた。住蓮や安楽は、この哀歓悲喜の曲調を、称名や六時礼讃の儀式に用いたのであろう。専修念仏禁断を要請した貞応三年（一二二四）の「延暦寺奏状」には、「近来の念仏の音を聞くに、理世撫民の音に背き、すでに哀慟の響を成す、これ亡国の音というべし」とあり、『野守鏡』にも、「かの念仏は後鳥羽院の御代の末つかたに、住蓮、安楽などいひしその長として広めけり、これ亡国の声たるが故に、承久の御乱出きて、王法衰えたりとは、古老の人は申し侍し」と記されている。この哀慟の響をもつ引声念仏・六時礼讃が、とくに女性―「尼ドモ」や「院ノ小御所ノ女房」たち―に悦ばれたことは、専修念仏の受容者層の一面を示している。なお法然と共に、権大納言徳大寺公継が、興福寺の衆徒によって訴えられたのは（『四十八巻伝』）、公継自身、経典諷読の家を嗣ぎ、音声にすぐれていたことからして（『元亨釈書』）、六時礼讃・引声念仏にも重要な役割を果したと見なされたからであろう。

住蓮・安楽の事件は、宮女との風紀問題であるだけに、遅々として進まなかった念仏宗処罰の廟議を一決せしめ、責任を問われた法然は、七十五歳の老齢で、四国に配流されることとなった。南都北嶺から、執拗に専修念仏禁断の要求をつきつけられ、いわば窮地にあった院としても、法然および門弟の処分により、聖道門教団の顔を立てることができた。

この時の処分は、住蓮・安楽は死罪、法然は還俗せしめられて土佐に流され、また弟子の親鸞は越後に流された。

法然に帰依していた九条兼実は、法然の救済に奔走したが効を奏せず、建永二年（一二〇七）に土佐配流が決定した。兼実の次子、摂政良経が死んでからは、九条家出身の現職大臣はいなくなり、政治の主導権は、近衛・松殿の系統に移行したからである。「九条殿ハ、念仏ノ事ヲ法然上人ススメ申シヲバ信ジテ、ソレヲ戒師ニテ出家ナドセラレニシカバ、仲国ガ妻ノ事アサマシガリ、法然ガ事ナドナゲキテ、ソノ建永二年ノ四月五日、久ク病ニネテ起居モ心ニカナハズ、臨終ハヨクテウセニケリ」（『愚管抄』）。兼実が死んだ頃、法然は、摂津の経ヶ島、播磨の高砂、塩飽島を経て四国に着いていた。しかし法然が、四国の何処に止住していたかは明らかでない。讃岐の善通寺に詣でたとも伝えられている。ただこの度の配流で、これまで京都から出ることのなかった法然は、直接、地方の武士をはじめ農民・漁民などの庶民に接し、念仏を説く機会をもった。

法然の配流は、もともと法然自身を罰するのが目的でなく、周囲の事情、とくに南都北嶺の策動に基づくところの、やむを得ざる一時の便法にすぎないようであり、早くもその年の八月には、赦免の沙汰があった。だから法然は、在国半か年にして四国を離れたのであるが、しかしなお洛中の往還は許されず建暦元年（一二一一）に帰洛を許されるまでの四ヵ年間、摂津（大阪府）の勝尾寺に滞在した。

十一月に京都へ帰った法然は、青蓮院の慈円の計らいで東山大谷の旧坊に落ち着いた。

しかし疲労と衰弱が法然の死期を早めたのであろう。翌建暦二年（一二一二）正月二十五日、法然は八十年の生涯を閉じた。慈円は、「法然上人ナガシテ京ノ中ニアルマジニテヲハレニケリ、カカル事モカヤウニ御沙汰ノアルニ、スコシカカリテヒカヘラルルトコソミユレ、サレド法然ハアマリ方人ナクテ、ユルサレテ終ニ大谷ト云東山ニテ入滅シテケリ、ソレモ往生往生ト云ナシテ、人アツマリケレト、サルタシカナル事モナシ、臨終行儀モ増賀上人ナトノヤウニイハルル事モナシ」と記している（『愚管抄』）。

法然が死んだ場所は、東山大谷の坊、すなわち現在の知恩院の勢至堂の地である。そこに墓堂が建てられ、法然門下の最長老である信空が、この管理に当った。

四　法然の門流

法然の死後、その門流に、異なる二つの傾向のあることが明らかとなった。一つは、念仏を通じて、如来との結びつきを深めて行く人々であり、他は、同じく念仏を通じて、在家人＝庶民との結びつきを強めて行く人々である。

元久元年（一二〇四）の「七箇条制誡」に法然門下の筆頭として署名し、また法然から、本尊・聖教・三衣・坊舎をことごとく相伝された信空や、あるいは法然に仕えて、「常随給仕首尾十八年」といわれた源智は（『四十八巻伝』）、後世者・念仏者としての生涯を送った。彼等は庵室を設け、持戒の生活を送ったが、一般民衆は、その視野に現われることが少なかった。

法然の死後、京都において専修念仏者が群集していた場所は、嵯峨清凉寺附近、六波羅の総門の向いの堂、清水寺、祇園の辺（「日蓮・念仏者追放宣状事」）、八条油小路、唐橋富小路、中山、それに東山にある法然の大谷墓堂附近であるが（『民経記』）、礼讃の声・黒衣の色によって象徴されるこれら専修念仏者は、特定の寺院に居住せず、一般庶民に結縁することによって、生活の資を得ていた。しかも専修念仏は、民衆の中に入りこんだこれらの念仏者により、広く伝えられた。

法然の死後十五年目の嘉禄三年（一二二七）に、叡山の衆徒により、法然の大谷墓堂が破却せられようとした。さらに山門の強訴は、専修念仏の張本として、隆寛、空阿弥陀仏、成覚房幸西、証空の処罰を要求し、ついに専修念仏停止の口宣案が作られたが、つづいて念仏者の余党四十余名の逮捕が行なわれた。

いわゆる嘉禄の法難として知られるこの弾圧で、処罰の対象となったのは、単なる念仏者・後世者ではなかった。隠遁して念仏三昧の生活を送った信空や源智などは、激しい専修念仏弾圧の最中にあっても、処罰を受けたことはない。ところが元久の法難の住蓮・安楽や、また嘉禄の法難の隆寛・空阿弥陀仏・幸西などは、庶民との結び付きをもち、したがってその感化力・影響力が強いゆえに、聖道門教団から指弾されたのである。

法然の死後四十五年目に、住信は、法然の上足として、一念義の幸西・鎮西義の聖光・多念義の隆寛・西山義の証空・諸行本願義の長西を挙げ（『私聚百因縁集』）、同じ頃、日蓮は、法然の第一の弟子の隆寛・証空・聖光の外に、長西・幸西・法本房行空の計六名を記している（『一代五時図』）。

これらの門弟の内、まず成覚房幸西は一念義を唱えた。自己の往生が、一念でよいか、あるいは多念を必要とするかは、すでに法然在世中から問題になり、元久の法難に際しては、幸西や「一念往生の義」を唱えた法本房行空が、安楽房遵西と共に、興福寺側から訴えられ、二十年後の嘉禄の法難においても、また幸西が処罰を受けている。一念義は、多念の唱名を必要とせぬゆえに、それだけ一般庶民に受け容れられやすく、また教義の純粋性のゆえに、聖道門ときびしい対立を示していたのであろう。鎮西教団の製作にかかる『四十八巻伝』（『法然上人行状画図』）や『九巻伝』（『法然上人伝記』）、あるいは聖光の『念仏名義集』が、一念義排斥の態度を示しているのは、かえって一念義の隆昌を裏書きしている。しかし十四世紀のはじめに凝然が、安房と京都に伝わっていることを指摘した一念義も（『浄土法門源流章』）、十五世紀以降には振るわなくなった。幸西自身が、配所の安房で死んだことと、したがって京都で有力な貴族層を支持者となしえなかったこと、そしておそらく一念義を受け容れた在家者は、やがて覚如の時代以降、真宗門徒として吸収されて行ったからであろう。

多念義を唱えた隆寛が、はじめて法然の弟子になったのは、すでに彼自身六十近い晩年であった。しかも天台僧としての隆寛は権律師の僧官をもち、法然の専修念仏に批判的であった慈円とは、和歌を通じて交渉があり、隆寛の実子の聖増は、慈円の弟子であり、後に法性寺座主・横川長吏になっている。ところで隆寛の著書とされる『捨子問答』や『後世物語聞書』が、後世者の言行に仮託しているのは、隆寛の多念義が、世間を逃避し、山林に閑居した遁世者・後世者と関連をもっているからであろう。そして称名としての多念は、自己にとって不可能であるが、在家者には、それだけ多念の行者を崇敬せしめることになる。この点は、その往生の噂が伝えられると、「閭巷騒動す、天下の貴賤尼女悉く群衆し、面々各々、珍膳を捧げて供養」した空阿弥陀仏の場合と同様であり（『明月記』）、だから専修念仏を禁圧するためには、民衆の帰依を受けているこれらの指導者を、京都から追放する必要があった。このとき隆寛は陸奥へ配流になったが、護送に当った森入道西阿は、自己の本貫である相模の飯山に隆寛を移し、配所へは門弟を代行せしめた。隆寛は飯山で死ぬが、そのため多念義は、弟子の智慶により、関東に弘められる結果となった。もともと「多念相続」そのことよりも、「多念相続の行者」に重点が置かれた多念義は、おそらく十五世紀以降、鎮西教団にとって代られる。

洛北の九品寺に住した覚明房長西は、諸行本願義を唱え、弥陀は念仏のみならず、念仏以外の諸行をも含めて、本願にしたと主張した。法然門下の中で、専修念仏の純粋性をおしすすめた幸西の一念義を、最左端とすれば、専修念仏と聖道門の妥協を意図した長西の諸行本願義は、最右端に位置するであろう。また、長西は、日本最初の浄土教書籍目録として知られる『浄土依憑経論章疏目録』（『長西録』）などの著述をのこし、学匠として終始している。東大寺の凝然も、九品寺を訪ねて長西の講義を聴いた。しかし民衆への教化を重視せぬ諸行本願義は、教団として発展しなかった。

西山義を立てた証空は、嘉禄の法難に際し、隆寛・幸西らと共に、山門の訴訟の中に入っていたが、九条兼実の第八子妙香院良快の庇護を依頼すると共に、証空自身も誓状を呈出し、また、かつて慈円の臨終の善知識になったことを証拠として、専修念仏者でないことを釈明し、危く追捕を免れた。内大臣久我通親の猶子であった証空は、もともと貴族と交渉をもち、「天台宗を学び、彼の宗義を模し、この義門を立つ」と評されたように（『浄土法門源流章』）、西山義の、天台への傾斜は著しかった。そのため証空一門は、嘉禄の法難で危くその処分を免れたのみならず、専修念仏の有力な指導者たちが一掃された京都に残り、公認された唯一の念仏教団として、西山派の隆盛を導く原因となった。時宗を開いた一遍は、証空の弟子聖達を師とした。

さて嘉禄の法難に際し法然の墳墓の安全が保ちえなくなったので、ついに遺骸を改葬することになり、嵯峨の二尊院、太秦広隆寺の来迎房に移され、やがて西山の粟生で荼毗に附された。証空の弟子が、ここに法然の遺骨を安置し、のち光明寺が建てられた。

しかし嵯峨二尊院の湛空は鴈塔を建てて、なかば強制的に法然の遺骨を迎えた。嵯峨門徒の指導者として知られる二尊院の湛空が当時の京都において、無視できぬ程の勢力をもっていた事実は、真宗教団の拡大に努めた覚如が、親鸞の対立者として、聖光・証空(『口伝抄』)、一遍・他阿弥陀仏(『改邪抄』)、源智・念仏房とともに、湛空の名を挙げていることによっても知られるであろう(『親鸞伝絵』)。すなわち、法然の遺骨の伝持をめぐって、湛空と証空一門との間に確執があり、けっきょくその遺骨は、証空門流の手から、湛空一派の手に移ったのである。

貞和五年(一三四九)に、二尊院に参詣した太政大臣洞院公賢は、まず法然の鴈塔に参り、本堂において法然の像(足引の御影)に謁し、つぎに法然自筆の『三昧発得記』や、法然の臨終仏などを拝見している(『園太暦』)。つまり法然死後一世紀半の、京都における法然尊崇の中心地は、この二尊院であった。

鎮西義の始祖とされた聖光は、主として北九州を中心として念仏を勧め、その弟子の良忠は鎌倉において教線を布いた。そしてこの時期に京都では、天台化した証空一門の西山義が貴族層の支持をもうけて有勢であり、もと信空の法系の手にあった法然の大谷墓堂の管理権も、十三世紀後半には、証空門流の掌中に移行する。

さて九州および鎌倉を舞台としていた鎮西派の教線を、京都にまで拡張したのは、良忠の弟子の良空・然空・了慧らであった。彼らはいずれも鎌倉において、良忠に師事し、十三世紀後半に、相ついで京都へ移住したが、中でも了慧は、「然(法然)門徒中、異説紛紛、おのおの師説を称し、たがいに是非を争う」現状にかんがみ、「敢て祖教を守成せんと欲し」て『漢語燈録』『和語燈録』を輯集し、また『聖光上人伝』『然阿(良忠)上人伝』を著して、法然—聖光—良忠(然阿)と伝わる鎮西派の正統性を力説している。しかし、もともと京都に何らの地盤をももたぬ聖光の鎮西教団が、法然の正統者として、京都に進出しえたのは、紫野門徒といわれた源智の門流を吸収したからである。隠遁を好んだ源智およびその法系が、末学異流の紛争に超然としていたことは、つまり、法然の継承者でありながら、宗義的宗団的に無色であったことは、鎮西教団の京都進出に恰好の足場を提供した。証空・隆寛・親鸞あるいは幸西の勢力と対立した鎮西教団の人々は、みずからを源智の相承者たらしめることによって、有利な地位を獲得したのである。『四十八巻伝』が伝える「東山赤築地の談義」は、右の事実の反映であろう。

室町時代以前の成立にかかる法然の伝記で、現存するものは約十五種を数えるが、その中で、「知恩院」の名称が始めてあらわれるのは、『四十八巻伝』である。法然の木像を安置した「御影堂」を中心とする知恩院は、「(法然の)忌月をむかえて貴賤いちをなし、亡日をまちて上下そでをつらね」る有様であった。

十三世紀の中葉には、まだ西山系の管理下にあった法然の大谷墓堂も、十四世紀初頭には聖光門流の手に移った。法然の廟塔や御影を中心として、法然帰依の霊域となっていた二尊院の役割は、やがて鎮西教団の根本道場としての知恩院に移行した。浩瀚な『四十八巻伝』も、このように教線を拡大した鎮西教団の経済力を背景として、製作されたのであろう。その年代は、ほぼ室町時代のことと推定される。知恩院が、足利将軍家や近衛家などの上層貴族と交渉をもつのも、またこの時期であった。

鎮西教団の法系は、法然—聖光—良忠—良暁（寂恵）—定慧—聖冏《しょうげい》と次第し、鎌倉の光明寺を中心として伝承されたが、しかしその時、鎮西教団は、僧侶中心・寺院中心となっていた。

聖冏の業績は、鎮西教団すなわち浄土宗を、八宗なみの地位に引き上げる体制を準備したことにある。十四世紀のはじめ、南禅寺の師錬は、浄土宗を「寓宗」「附庸宗」と貶めたが（『元亨釈書』）、在家人の帰依者をいかに多数かかえていても、独立した一宗とは認められなかった。むしろ在家中心の立場こそ、救済を説く法然の意図するところであったが、教団内部の僧侶の立場からすれば、他宗なみの形態を整える必要に迫られた。こうして天台・真言・禅・倶舎・唯識・神道など、およそ浄土宗を批判する相手方の学問に精通した聖冏は、逆に教理的に浄土宗の優位、他宗の劣位を主張する随他扶宗の活動を始めるとともに、浄土宗の宗脈を伝えるための五重伝法・伝戒の規則を制定し、教団制度の基礎を確立した。

聖冏の弟子の聖聡《しょうそう》は、武蔵貝塚の増上寺（のち江戸の芝に移る）を開創したが、その弟子慶竺は、関東から迎えられて、知恩院の住持になる例を開いた。徳川家康が江戸に入府すると、やがて増上寺と徳川家との間に、師檀関係が結ばれ、また江戸幕府の寺院政策に支えられて、浄土宗はようやく独立宗としての体制を具備するに至った。しかしその時、浄土宗は、かつて法然やその弟子たちが意図した民衆との結びつきよりも、幕藩体制の支配者に奉仕し、封建制維持の一翼を担うこととなるのである。

五　法然上人伝の系譜

現存する法然の伝記は、室町時代以前の成立にかかるものだけでも、十五種にのぼる。『源空聖人私日記』のように、わずか数葉の短篇から、『法然上人行状画図』のように四十八巻にも及ぶ厖大なものまであり、また前者のように、詞書だけのものもあれば、後者のように、絵図と詞書とをくみあわせたものもある。しかし概観すれば、内容や体裁が簡素な伝記は成立が古く、登場人物が増え、叙述内容が詳細多彩となっている伝記は、成立年代が下るといえよう。

法然の伝記の系譜を考えると、およそ次の二つの型に還元できるようである。第一は、法然を描くのに、聖道門的な装い、とくに天台系の姿をもってする伝記である。法然の偉大さや非凡性をあらわす場合にも、神秘的奇瑞の数々をあげ、また円頓戒の相承者であることを強調するなど、いわば聖道門的表現によって、法然像を描いている。『源空聖人私日記』は、この型に属する。

第二は、浄土宗の開創者としての法然像を描いた伝記である。法然は専修念仏の唱導者であり、そして浄土宗を開いたが、したがって法然を描くにあたり、『選択集』の撰述に重点がおかれ、とりわけ、その教義体系に即した法然像が求められた。『法然上人伝記』(醍醐本)は、この型に属する。

ともあれ法然の伝記は、聖道門的色彩で粉飾された法然像を描くものと、浄土宗に徹した法然像を求めるものとの二類型にわかれる。専修念仏帰入の場面において、法然と天台との密接な関係を強調するのは前者であり、法然と善導との関係に焦点をおくのは後者であるが、或る時期に至ると、この両者は交錯融合する。『法然上人行状画図』はその好例である。

法然伝を二分する異なった型の形成は、これらの伝記をつくった門流の動向、また法然の教団に対する迫害などの歴史的背景とも深く関連しているように思われる。以下、各伝記について考察を加えたい。

源空聖人私日記　一巻

三重県津市一身田町の専修寺に、親鸞自筆の『西方指南抄』があり、本伝は、その巻中末に収められている。本伝の題名は、「源空聖人についての私の日記」というほどの意味であり、したがって、はじめから公開を意図しておらず、むしろ限られた門弟によって、秘密裡に書写閲覧が行なわれていたことを示している。本伝が短篇であること、また漢文体であることも、その保持者・伝持者が、主として僧侶であったことを暗示していると解されよう。

「源空聖人」という呼称は、法然伝のなかにあっては特殊である。「法然上人」「源空上人」が、通名として用いられているが、ただし、「源空」は本名であり、「七箇条制誡」や消息類の自署には、「源空」とある。『三長記』によれば、院の僉議の座においては、「源空」「源空上人」と呼ばれていた。しかし一般には「法然」の呼称が用いられていたようであり、専修念仏の興行を、鋭利な眼でみていた慈円も、「法然房と云上人」「法然上人」の名を用いている。とくに在俗の信者にとっては、「法然」の名に親しみがもたれたのである。

「聖人」の名称は、法然が「ひじり」とみられていたことに基づくのであろう。『玉葉』によれば、九条兼実は、当初は法然を呼ぶのに「聖人」の名称を用い、後には「上人」の名称を用いている。前者は、「念仏聖」に比重を置いた呼称であろう。親鸞が書写した『西方指南抄』は、法然を呼ぶのに、「聖人」の名称で一貫している。なお本伝が、「聖人」の名称を用いているのは、法然が、三昧発得の念仏者であったとする叙述内容と、関連があるのかも知れない。

本伝の内容は、法然の生誕に始まり、父との死別、比叡登山、遁世、修行の奇瑞、上西門院説戒、師匠、開悟、善導との夢中対面、肥後阿闍梨、大原談義、浄土門帰入、三昧発得、配流、赦免、病臥、入滅、公胤夢告の各条を、年次を追って掲げている。すなわち、年号と干支をあげ、つづいて行状を記しており、本伝が『私日記』と号する所以であろう。ただし、修行の奇瑞より大原談義にいたる各条は、年号と干支を欠き、前後の叙述の様式と異なっている。日記体をなしていないこの部分は、後の追加攙入とみるべきであろう。なお大原談義の条には、「法然聖人」の用字があり、前後が「源空聖人」で統一されているだけに、この用例は注意される。

本伝の特色は、「奇異之瑞相」をもって、法然を修飾していることである。生誕のときには、天よりふたつの幡が降り、見る者をして掌を合わさせ、聞く者をして耳を驚かせたとか、法花修行のとき、普賢菩薩を眼前に拝したという類である。父が夜襲をうけたとき、九歳の少年が、小箭で父の敵を射あてたことや、上西門院における説戒の場で、唐垣の上の蛇が死んだ話も、同じ類であるが、とくに安元元年（一一七五）、法然が四十三歳で浄土門に帰入した条では、浄土を観じて初夜に宝樹が現われ、次の夜に瑠璃地を示し、後夜に宮殿を拝したが、また阿弥陀の三尊が常に来至したというような神秘的奇瑞をつらねている。法然は、生まれながらにして「権化之再誕」であり、「勢至菩薩の化身」としてあがめられた。つまり、専修念仏の教法を説いた法然ではなく、聖道門的な奇瑞につつまれた法然が描かれている。

本伝の撰者は、法然が説いた専修念仏の「教説」よりも、法然が示した「奇瑞」に、深い関心を払っているように見えるが、これと表裏するのは、『選択本願念仏集』の撰述やその伝来について、一言も触れられていない点である。『選択集』は、法然の出現の眼目であり、したがってその選述は、法然の伝記において、欠くことのできない場面であった。しかし本伝では、『選択集』は無視された形である。それだけではなく、本伝の追加部分と考えられる善導との夢中対面の条を除くならば、善導と法然との宗教的交感も、語られないままであった。本伝の原形には、法然が『選択集』で説いた「偏依善導」の立場は、くみいれられていなかったと思われる。本伝において、法然は聖道門的粉飾をもって装われているのみならず、『往生要集』を読むこと三度目において開悟したとか、また日本国に来て天台宗を学んだというように、天台に親近し、天台に埋没した法然像を描いているが、これは『選択集』の教理的立場と合致しない。

法然が『華厳経』を披覧しているとき蚫があらわれ、「信空上人」がこれをみて怖れたことを記している。このように信空を特別に扱っていることから察すると、本伝の伝来には、信空の門流が関与していたように考えられる。なお信空の弟子にあたる敬瑞は、『明義進行集』『広疑瑞決集』において、「法然」の名称を用いず、「源空上人」「空上人」の名称を用いていることも参考にせられよう。

本伝は、法然晩年の流罪に触れているが、しかし滅後の嘉禄の法難について記さない。東山大谷の法然の墓堂が破却され、京中の念仏者が弾圧を蒙った嘉禄の法難を語ることは、法然を、「弥陀如来の応跡」と仰ぐ本伝の撰者にとって、堪えがたいところであったからであろうか。それとも本伝の成立は、嘉禄の法難の以前に属するからであろうか。園城寺の長吏の公胤が、法然の法事の夜に夢告を蒙った記事があるが、公胤は建保四年（一二一六）に寂しているので、本書の成立の上限は、法然の滅後四年に求めることができる。なお専修寺所蔵の『西方指南抄』巻中末に、康元元年（一二五六）十月十四日に書写したことが記されており、これは法然の滅後の四十五年目であった。

本朝祖師伝記絵詞　四巻

本伝には、福岡県久留米市善導寺町の善導寺に蔵する四巻本の外に、『法然上人伝法絵流通』残欠一巻、三重県津市一身田町の専修寺の『法然上人伝法絵』一巻、および、釈弘願の奥書をもつ『法然聖人絵』残欠四巻がある。製作や書写の年代を異にするが、いずれも同じ系統の伝記である。本伝の巻三は、「伝法絵流通」と題されており、これが本伝の表題であったと思われる。『本朝祖師伝記絵詞』では意味をなさないが、これは後で付けられたのであろう。

はじめ序文を掲げ、その末尾に、「于時嘉禎三年丁酉正月廿五日、沙門躭空記レ之」とある。法然滅後の二十五年目にあたる。ついで、出生、父との死別、比叡登山、大原談義、四国配流、赦免、入滅、中陰法要、嘉禄の法難、遺骨埋葬にいたるまでを、四巻に収めている。本伝が、もと詞書と絵図によって構成されていたことは、巻三の末尾に、「此絵披見之人、奉レ礼二三尊之像一、其詞説明之輩、読二誦大経之文一」と記していることによって知られる。絵解き法師の存在が予想されるのである。「源空」にかわって、より一般的な「法然」の名称が用いられているのも、このことと関係があるであろう。

本伝の叙述内容を検すると、『源空聖人私日記』の影響を受けていることはあきらかである。『華厳経』披覧のときに蛇があらわれ、驚いた信空は夢の中で、我は法然を守護する青龍であり、恐れないようにと告げられたことや、法然が暗夜に経論を見るに、灯明なくして、屋内を照らすこと昼のごとくであり、また浄土を観じ、はじめの夜は宝樹を現じ、次の夜は瑠璃地が、後には宮殿を拝したという一連の奇瑞は、『源空聖人私日記』の記述におうている。注意されるのは、『源空聖人私日記』が、法然は、『往生要集』に導かれて浄土教に帰したと説くのに対し、本伝が、湛然の『止観輔行伝弘決』の「諸教所讃、多在弥陀」の妙偈によって回心をしたと記すことである。

本伝においても、法然は、聖道門の装いをもって描かれている。『選択集』については、隆寛が小松殿を訪れたとき、法然が御堂の後戸に出て、ひそかに隆寛の胸にこれを指し入れたと記すだけである。法然の全生涯が、『選択集』によって動かされていたという趣旨は、全くみられない。故意に『選択集』を無視ないし軽視する立場をとっており、本伝が、天台系の色彩をもっていることのあらわれである。

本伝には、京都の嵯峨の記事がある。巻一では、保元元年（一一五六）に求法のため嵯峨に参籠し、その後、南都に趣いたことを記しているが、巻四では、「上人、求法修行のはじめ先当伽藍に詣す、定て、御祈請旨侍るか」と述べ、つづいて、「今、釈迦堂、名をかりて、清涼寺と称するところを、今度、造営に、聖跡をやぶるのみにもあらず、五間の阿弥陀堂を、つづめて三間になす、如何」とある。法然が保元元年に参籠したのは、嵯峨の釈迦堂であったことが知られる。また、難を避けて、東山大谷の墳墓から移された法然の遺体は、火葬の後、「少蔵山のふもと、中院のほとり」の宝塔に納められた。二尊院の後方の山麓にある石塔と推定される。

法然の青年の日の嵯峨参籠、また滅後の嵯峨納骨を記したのは、本伝がはじめてである。

嵯峨と法然とを結びつけた本伝の役割は注目されなければならない。本伝は、法然の門弟のなかで、とくに嵯峨にゆかりある者の手になったと推定される。本伝の執筆者の躭空を、正信房湛空に比定する見解がある。嵯峨門徒の祖とされた湛空は、二尊院に住していた。ただし湛空は、建長五年（一二五三）に七十八歳で寂しており、それから逆算すると、嘉禎三年は六十二歳に相当するから、本伝巻四の識語に見える六十九歳というのに合致しない。躭空と湛空は、別人とすべきであろう。

法然上人伝（増上寺本）　残欠二巻

上下二巻の絵詞伝であるが、残欠であり、原本が何巻であったかあきらかでない。現存の上巻は、法然の誕生や父の時国遭難の記事を欠き、時国供養の記事から始まる。菩提寺入寺、比叡登山で終るが、鳥羽つくり道における「殿下」との出会いの記事のあるのが注意される。下巻は、出家、黒谷遁世、嵯峨栖霞寺参籠、諸師歴訪、専修念仏帰入、善導との夢中対面、大原談義、上西門院での説法と説戒で終っている。

『華厳経』転読のときの蚫の出現や、暗夜の経論披閲のときの光明出現の奇瑞の記事は、『源空聖人私日記』の系譜を嗣いだことを語っている。また本伝の外題は、「法然上人伝」とあるが内題はなく、しかも文中には、「法然上人」の称号はあらわれず、「源空上人」の称号が用いられている。本伝は、もとは「源空上人」を冠する題号をもっていたと考えられる。

本伝と『源空私日記』とは、近い関係にあったと推定されるが、いっぽう、安元元年（一一七五）の法然の専修念仏帰入が、湛然の『止観輔行伝弘決』の「諸教所讃、多在弥陀」によってなされたとするのは、『本朝祖師伝記絵詞』と共通している。ともあれ本伝は、天台宗の粉飾をうけた法然像を描いているのである。

法然上人伝絵詞　九巻

法然の誕生より入滅、嵯峨改葬、随蓮夢告にいたる一期の行状を、九巻にわけて記述し、絵図を配している。法然の伝記は、『源空聖人私日記』一巻の小篇から、『本朝祖師伝記絵詞』四巻にまで拡大され、さらに九巻の本伝となるのであるが、このような長編かつ美麗な絵詞伝を必要とした背景として、法然の門流による浄土教教団の広汎な発展を考えるべきであろう。ただし先行の法然の伝記と比較すると、法然の行実の本筋そのものは、ほとんど変っていない。

本伝は、九巻に及ぶ長篇であるが、記述内容としては、法然の専修念仏帰入に重点をおいている。たとえば、善導の『観経疏』によって凡夫往生の道を知り、とくに、「一心専念弥陀名号、行住坐臥不問時節久近、念々不捨者是名正定之業、順彼仏願故と云へる文に付て、年来所修の余宗をなげすてゝ、ひとへに一向専修に帰して、毎日七万遍の念仏をとなえて、あまねく道俗貴賤をすゝめ給へり」と明記している。大原談義の条においても、法然が、道綽・善導の心をうけて、専修念仏に帰したことを強調している。

本伝で注目されるのは、聖光が法然の法嗣として描かれていることである。すなわち、法然は聖光に『選択集』造作の動機を述べ、「月輪の殿下教命によりて選択集一巻を作、ふかく秘すべきよし仰を蒙りて流布するあたはず、世にきこゆる事あれどもうつす人なし」と本書が秘書であることを述べると共に、「汝は法器の仁也、我立するところ此書をうつしてよろしく末代にひろむべし」といって『選択集』を弘通するよう指示している。法然の門弟のなかでも、聖光は法然から格別の信頼をうけたようにあつかわれている。「念仏の人おほしといへども、関東には熊谷、鎮西には聖光房、浄土の教門に入しより、他家をのぞまざる人なり、就中聖光房は一山の同侶猶契あり云々」という特別の表現が示されるが、法然伝のなかで、聖光が法然の正統な法嗣者であると主張されてくるのは、本伝が成立した当時、すでに京都を地盤として、鎮西教団が形成されていた事実と、無関係でないであろう。

本伝には、「向福寺琳阿弥陀仏」の名があるところから、「琳阿本」と呼ばれる。琳阿は本伝の撰者と思われるが、その経歴はあきらかでない。

黒谷源空上人伝（十六門記）一巻

法然の行状を、「託胎前後因縁門」「出胎已後利益門」など十六門にわけ、次第を追って叙述を進めている。全体の統一と体裁にも配慮が加えられており、小篇ながらまとまりをもっている。

法然が暗夜に聖教を見たとき、燈火がなくても室内が明るかったことや、『華厳経』披読の際、青蛇が机の上に蟠ったという類の神秘的奇瑞を記しているが、しかし本伝の特色は、法然による浄土門の開創に重点をおいたことにある。まず前序において、仏教を聖道・浄土の二門に区分して、前者を易行道とし、浄土門こそ末法濁世の教法、五逆謗法の救済であることを強調する。また法然四十三歳の回心は、「京都善導和尚勧化の八帖の聖書」によるところであり、とくに、「観経散善義の、一心専念弥陀名号の文に至て善導の元意を得たり」と主張される。『選択集』を基調とするこのような教相判釈の展開は、本伝の特性といえる。すなわち本伝は、法然の伝記であると共に、浄土宗開創の伝記でもある。

法然の浄土宗開創にとって必要なことは、善導との出会いと、『選択集』の撰述であった。本伝では、法然自身の言葉として、「源空已に導和尚の釈に帰して其元意を得たり。其元意とは乱想の凡夫、但無観称名の一行に依て仏の本願をもて増上縁として、順次に極楽世界に往生するなり」と語らせている。また九条兼実の請いによって、『選択集』を撰述したことを述べているが、本伝で描かれた法然像は、浄土宗の開創者としてのそれに焦点があわされており、浄土門の、聖道門からの独立を貫こうとする態度がみえる。

本伝で、聖光と聖覚の二人が、法然から浄土の法門を聴き、そして両人がそれぞれ法然と問答したことを記している。法然は、いわゆる結帰一行三昧を説いているが、これは、聖覚を証人とし、聖光の正統性を確認せしめようとしたと解される。つまり「浄土宗」は、法然から聖光に伝えられたとする主張がある。

本伝にあらわれた法然への帰依者は、高倉天皇と九条兼実の二人の公家を除けば、大胡太郎実秀と鎌倉二位の禅尼の二人だけである。室の遊女や耳四郎などの下層民がとりあげられなかったのは、本伝の作者の関心が、下層民よりは、むしろ武士層にあったことを示している。

本伝の前序および奥書によれば、安貞元年(一二二七)に聖覚が撰しており、したがって本伝は、法然の伝記のなかで最古の成立といわねばならない。しかし、浄土宗の開創を主題とする本伝は、その性格からすればむしろ『四十八巻伝』に近く、聖覚に仮託した偽書と考えられる。

法然上人伝記　九巻

本伝の巻首に、「法然上人絵詞巻第一」がおかれている。前序につづいて、「上人誕生事」より「登西塔北谷持法房事」の八条があり、以下は欠となっている。また八条のうち二条は、標題のみあって本文は存しない。全体の巻数はあきらかでないが、前序に、「今上人の遷化すでに一百年に及べり」とあり、これを信憑すれば、本伝は十四世紀はじめ頃に成立していることになる。

次に「法然上人伝記」九巻がある。ただし各巻は上下にわかれているので、実質的には十八巻である。前序に、「いまこゝろみに画図のゑんをかりて、むかしを見ること、いまのごとくならんとおもふ」とあり、また巻九下に、「いま九巻の絵を作して、九品の浄業にあて云々」とあることから、九巻の本伝は、もとは絵詞伝であったと考えられるが、しかし伝本は絵図を欠き、詞書だけの伝記である。なお巻一上には、詞書を欠く部分がある。

法然の生涯を九巻の長篇におさめているので、叙述内容も詳細多彩となっている。とくに本伝では法然への帰依者が数を増し、また法然の法語や消息が加えられている。そこにはおのずと本伝製作の意図がうかがわれるが、それは法然による浄土宗の興行を主題としていることである。法然の言葉として、「我今浄土宗を立る意趣は凡夫の往生を示さんが為也」と語られる。法然が浄土宗を立てたのは、道綽・善導の意によることであり、宗派間の対抗意識にもとづくことではない。このように「浄土宗」が前面に出てくるのは、本伝の特色であるが、いっぽう、成覚房が唱えた一念義については、法然をして、「天魔競来と如〻此の狂言出来候歟」といわしめ、また成覚房の弟子の善心房が、越後で説いた一念義についても、「偏愚の邪執」と批判せしめる。「只上人勧進の旨を信じて、多念をはげみ畢命を期とすべきなり」という浄土宗の立場が示されている。

「善恵上人の事」の条を立て、証空がとりあげられたのも、本伝の特色である。証空は十四歳で法然の門弟になったが、浄土の法門は残るところなく法然から受けついだ。証空は「白木の念仏」を説いたが、「当世西山門と号し、小坂義と称するは、彼善恵上人の流也」と記されている。また「聖光上人事」の条で、「当世筑紫義と号するは、彼聖光上人の流也」と述べているが、聖光の弟子の然阿と、勢観の弟子の蓮寂が、京都東山の赤築地で四十八日間の談義を行ない、両流を校合したところ、一として相違するところがなかった。こうして蓮寂の門弟は筑紫義に同じることとなり、さらに別流を立てないことを然阿が約諾した。聖光の筑紫義は、勢観房源智の門流を吸収する形で、京都に進出したことが暗示されている。

本伝において注目されるのは、悪人正機説に類似した表現が多く見られることである。「極悪深重の衆生」「末世愚鈍の衆生」「十悪五逆をつくる罪悪の凡夫」「末代悪世の罪悪の我等」「愚痴迷乱の凡夫」「末代造悪の凡夫」「極悪最下の悪人」「十方の浄土に擯棄せられたる逆悪の衆生」が、浄土宗の救済の対象として提示される。このように明白な言葉で、悪人正機を説いたのは、法然の伝記のなかでも本伝に限られたことであるが、察するに、覚如による真宗教団の形成の事実が、本伝の成立の背後にあったのであろう。

鎌倉新仏教の人々

一　源信

『源氏物語』に登場する女性は、身分や地位の高下を問わず、おおむね不幸な生涯を送っているが、中でも「宇治十帖《じょう》」に現われる浮舟《うきふね》は、八宮《はちのみや》の姫君に生まれ、美貌に恵まれながら、二人の異性の求愛に身をゆだねてしまい、煩悶のあまり宇治川に身を投げる。しかし助けられ、俗縁を離れた尼の生活に入ることにより、ようやく心の落ちつきをとりもどすのであるが、浮舟の悲劇は、有力な後見《うしろみ》をなくした貴族社会の女性の運命を象徴しているといえよう。ところでこの悲劇のヒロインを助け、あたたかく面倒を見、さらに精神的な救いの手をさしのべたのは、横川《よかわ》の僧都《そうず》と、その妹の尼君であった。

横川の僧都について、『源氏物語』では、公請《くしょう》（朝廷の法会《ほうえ》）を断って山籠《やまご》もりをしていることや、女一宮の物怪調伏《もののけちょうふく》のための修法をすることなどが記されているが、また浮舟との対話を通して、いかにも人間味にあふれた、そして高潔な善知識であったことを窺わせる。一途に自殺をのみ考える浮舟を翻意せしめ、ついにその望み通り受戒出家させる条は

『源氏物語』の中でも、まことに印象的である。

ところで、この横川の僧都のモデルを、比叡山の恵心《えしん》僧都源信に求めたのは、古く南北朝頃の『河海抄《かかいしょう》』であるが、紫式部が、源信その人を念頭において、「浮舟」の巻を構想したか否かは別としても、源信は紫式部と時代を同じくするのみならず、広く上下の帰敬を受けた高徳であり、従って『源氏物語』の横川の僧都を実在の源信に擬定したことは、いかにももっともなことと思われるのである。

さて源信は、天慶五年（九四二）に大和国（奈良県）の葛木山《かつらぎ》の麓、当麻郷に生まれた。葛木山は、かの役行者で有名な修験道の霊域であった。父の卜部《うらべ》正親《まさちか》は祠《し》官の家系であり、母は清原氏の出自《しゅつじ》であるが、信仰心にあつかったという。当麻は、中条姫の藕糸《ぐうし》（蓮糸）曼荼羅《まんだら》で著名な当麻寺の所在地であり、浄土教に有縁のところであった。

源信が天台（比叡山）に登った年時は、あきらかでない。しかし少年の日、近傍の高尾寺に籠った夜の夢に、一僧から曇った鏡を与えられ、比叡山の横川に登ってこの鏡を磨くよう指示されたという。少年は父母にも告げず、ひそかに家を抜け出して比叡山に登り、出家受戒して僧になった。

源信は、慈恵《じえ》大僧正良源《りょうげん》の弟子となった。良源は、焼亡した山上の諸伽藍を見事に復興し、叡山の中興と称されている。横川の首楞厳院《しゅりょうごんいん》も、良源の力によって再興され、恵心堂が建てられた。堂舎の建立整備とともに、山僧の数も増し、三十三年前に三百人にすぎなかった住僧が、良源の代には二千七百を数えるようになった。

山上の源信は、修学のほかに他事なく、友人が和歌をたしなむことにすら、強い反発をいだくほどであった。源信の学業は次第に進み、いつしか良源の門弟の中においても、重きをなすようになった。三十歳を越えてまもなく、源信は選ばれて広学竪義《こうがくりゅうぎ》に預った。伝教大師の忌日を期して行なわれるこの法会《ほうえ》は、多数の僧侶の列座する前で、仏教の諸問題について論議問答するのであり、竪義に預ることは、学侶《がくりょ》の光栄であった。

源信の慈悲ぶかい話が伝えられている。――あるとき庭前で鹿が草を喰っていたところ、源信はこの鹿を追わしめた。これを見た人が、源信の無情を難じたところ、源信は、もし鹿を追わなかったならば、その鹿は人に慣《な》れ親しみ、ついに悪人に近づいて殺されるかも知れない。このことを恐れ、いま鹿を追ったのであると答えたという。

『今昔物語《こんじゃく》』には、源信の母の尼の話が載せられている。――皇太后藤原遵子（円融上皇の皇后）の御八講《み》に召された源信が、そのとき頂戴した捧物を故郷の母の許に送り届けたところ、母からの返事には、そなたを法師にしたのは、公請《くしょう》に赴くような身分たかき僧にするためではなく、しずかに学問して、自分の後世《ごせ》をも救ってくれる聖人になってもらいたかったからである。花やかな立身出世は、自分の本意ではないとあった。源信は、高貴に近づくことが、母を喜ばすことにもなると考えていたが、ともかく母の誡《いまし》めにより、聖人になるための籠山《ろうざん》の決意を固め、母の希望がない限り、下山せぬことを堅く誓った。七か年間が経って、御機嫌うかがいに大和に参りたいと申し出たが母はこれを止め、あなたが山籠りして聖人への道を進んで居りさえすれば、自分はこれ以上の満足はないという。九年目のある日、俄かに胸さわぎがして、しきりに故郷の老母が恋しく思われるので、急いで下山し、大和の母のもとに到ったところ、はたして母は病床についており、すでに源信を呼び寄せる便を出していたのである。母は源信との再会を悦び、源信の勧めで念仏して、安《やす》らかな臨終を迎えた。

人口に膾炙《かいしゃ》した話であるが、ここにも『源氏物語』の横川の僧都と同様、救いの手を差しのべる聖人としての源信が語られている。

源信が横川の恵心院に入ったのは、三十代の頃と考えられる。横川時代の源信は、因《いん》明《みょう》（仏教の論理学）に関する著述をしているが、とくに源信の名を一世に高からしめたのは、永観三年（九八五）に完成した『往生要集』上下二巻の撰集である。

源信が『往生要集』を撰した頃より二十年ほど前に、大学寮《だいがくりょう》の学生が発起人となり、比叡山の僧をメンバーとする勧学会《かんがくえ》が結成された。かれらは春秋二季に会合をもち、朝に『法華経』の講釈を聴き、夕に経中の一句をとって詩を作り、念仏を唱えて夜を徹するのであるが、その中心人物として重きをなしたのは、浄土願生者の行実を録した『日本往生極楽記』の撰者慶滋保胤《よししげのやすたね》その人であった。ところが寛和二年（九八六）に保胤は出家して名を寂心と改め、横川の首楞厳院に入るが、勧学会は、首楞厳院を本所とする二十五三《さん》昧《まい》会《え》に発展的解消をしたと考えられる。

源信および慶滋保胤を中心とする横川の首楞厳院の二十五三昧会は、往生極楽の目的で結ばれた同志同行組織であり、命終《みょうじゅう》に至るまでその結合は変らない。毎月十五日の例会には、『法華経』の講経があり、不断念仏と阿弥陀経読誦で夜をあかした。この結衆は互いに父母兄弟の思いをなし、友の中に病人があれば結番して看護に当り、命期が近づけば往生院に移し、臨終正念まで見とどけるのみならず、死後は共同の墓地の安養廟に葬られることを起請《きしょう》している。

源信の『往生要集』は、念仏結社である二十五三昧会の指南の書として撰述された。従ってこれは、学問的体系をもつ教理書ではなく、西方願生者の要求に応《こた》える実践的求道書というべきである。

さて源信は、本書の中で、不浄・苦・無常を免れえぬこの世を穢土《えど》として厭離《えんり》すると共に、他方、十種の楽しみを列挙して、浄土の欣求《ごんぐ》すべき所以をあきらかにしている。この十種の中には、念仏の行者の命終に際し、弥陀をはじめ観音《かんのん》・勢至《せいし》や多くの聖衆《しょうじゅ》が行者を迎えとる「聖衆来迎《らいごう》」や、娑婆世界とは異なり、極楽浄土ではただ楽しみのみをうける「快楽無退」などがある。また往生するために、平常の念仏と臨終の念仏について記述し、とくに臨終の場合には善友同行の配慮について詳述している。

要するに『往生要集』は、極楽浄土への道を開いたのである。仏教の年代記によれば、この頃は像法ものこりすくなになり、末法が近づいていた。源信は、いわば諸仏の救いから見放された傷心の人々に、浄土の救いを示した。

『往生要集』は、日本浄土教の興行を促しただけではない。寛和二年（九八六）に、源信が九州方面に行脚《あんぎゃ》した際、博多において宋の商人の周文徳に会い、『往生要集』などを託した。周文徳は宋に帰り、天台山国清寺《こくせいじ》にこれを納めたが、かの地の男女五百余人が浄財を投じて国清寺に施入し、五十間の廊屋を造って礼拝したことが、周文徳の手紙によって報ぜられた。また宋の行辿《ぎょうてん》が楊州で『往生要集』を披見し、随喜の詩を添えた書簡を源信の許に贈っている。中国から移入された仏教が、逆に中国に流入して感化影響を与えた事実は、注目に価するといえよう。

長保二年（一〇〇〇）に、五十九歳の源信は法橋《ほっきょう》に叙し、四年後に権《ごん》少僧都に転じたが翌年、これを辞した。その間も、『一乗要決』などの著述に専念している。

『往生要集』による浄土教の結縁は、文字に親しむ貴族知識層に限られるが、他方、源信は、一般在家庶民の結縁にも意を用いた。すなわち和讃《わさん》の創作・聖衆来迎図の製作・迎講会《ごうこうえ》（迎接会《ごうしょうえ》）の創始などがそれである。

源信は、先師良源《りょうげん》から引声《いんぜい》念仏や声明《しょうみょう》を伝受しているが、この音楽的素養に基づいて、『六時讃』や『来迎和讃』などの和文讃歌を作り、曲節をつけ、道俗の詠唱に用いた。和讃は、引声念仏と同様、音楽的に聖衆来迎の法悦を実感せしめるが、また聖衆来迎を図絵した大作（たとえば高野山の二十五菩薩来迎図など）も、源信筆の伝承をもって遺《のこ》されている。これまで西方十万億土の彼方にあった極楽浄土も、迅《じん》雲に乗って来迎する聖衆により、身近な存在となった。弥陀をはじめとする聖衆は、念仏の声を尋ねて来迎する。このモチーフが、『往生要集』の「聖衆来迎の楽」に基づくことはいうまでもない。また聖衆来迎を劇化した迎講会《ごうこうえ》も、源信の創始と伝えられる。はじめ源信は、三寸《ずん》ほどの小仏を脇足《きょうそく》の上に立て、脇足の足に糸をつけて引き寄せ引き寄せして来迎《らいごう》の悦びに浸っているのを見た弟子の寛印《かんいん》が、迎講を行なったという。

寛仁元年（一〇一七）六月十日、仏の御手に結んだ綵縷《あやいと》の一端をとり、称名念仏して静かに入寂した。七十六歳であった。

親鸞《しんらん》が、その高僧和讃で、「本師源信ねんごろに、一代仏教のそのなかに、念仏一門ひらきてぞ、濁世《じよくせ》末代をしへける」と讃えたように、源信は浄土の門を開き、極楽の法悦をあまねく人々にわかち与えたのである。

二 「山」の法然・「村」の一遍

法然（一一三三―一二一二）は、「山」に縁があったようである。八十年に及ぶ長い生涯には紆余曲折があったが、しかしそのほとんどが、「山」での生活に終始している。

まず法然が誕生した美作国久米郡南条の稲岡庄であるが、国鉄岡山駅から津山線に乗りかえ、旭川に沿って北上すること一時間あまり、山間をぬけると盆地がひらける。誕生寺駅のある町が、法然の郷里である。法然は、久米郡の押領使であった漆間時国を父として生まれたが、そこは間近に山がせまった山村である。法然の少年時代を想像するならば、近くの山で遊ぶ日が多かったであろう。

法然の伝記によれば、九歳のとき父の時国は、かねて不仲であった明石定明の夜襲にあって死に、一家離散の悲運に見舞われた。法然は叔父にあたる観覚に引きとられたが、観覚は、津山盆地の北東にあたる那岐山の奥の菩提寺に住んでおり、少年の法然を山中に送ったのは、おそらく明石定明らの追及を免れるための手段であったのであろう。法然は、人里はなれた山寺で、十三歳（十五歳ともいう）になるまで暮した。

それから法然は京都に出て、比叡山延暦寺に登って出家受戒し、天台の修行僧としての生活を始めた。その後、師匠を変えており、したがって住房も変ったが、しかし深山幽谷の生活がつづいたことに変りはなかった。

四十三歳で専修念仏に帰した法然は、住みなれた比叡山を下った。そして西山の広谷に移った。京都西郊の粟生の光明寺の後方にあたり、山林のなかである。ついで京都東山の大谷に草庵を設け、念仏の生活をつづけた。今の知恩院の辺りである。比叡の山上に較べれば、大谷は京に近く、慈円が『愚管抄』で記したように、「マヂカク京中ヲスミカニテ」ということにもなるが、しかし華頂山の中腹にあり、山の住いであった。

専修念仏の盛行は、延暦寺や興福寺など権門と結びついた有力寺院の反撥をふかめた。そして七十五歳の法然は、責任を問われて四国に流された。ただし一か年足らずで赦されたが、なお帰洛は認められず、摂津の勝尾寺で四か年のあいだ滞在したが、ここも山の奥の寺であった。帰洛を許されたとき法然は七十九歳であった。再び東山大谷の旧居にもどるが、数か月後に、そこで八十歳の生涯を閉じた。

法然は、その生涯において、いくたびか住居地を変えたが、終始、「山」を離れることはなかった。「山」は、法然の生活に深く密着していたように思われる。

法然が住んだのは、天台宗の寺院であり、そして当時の天台寺院の多くが、山中にあったから、法然も山寺に身を置くことになった、といえるかも知れない。しかし、その生涯の最も長い時期を送った東山大谷の草庵は、天台の寺院ではなかったし、そして法然が望むならば、京都の町のなかに住むこともできたはずであった。私は、鎌倉の辻に立って、刀杖瓦石をものともせず、説法をつづけた日蓮の姿を思い浮べるのであるが、しかし法然が、東山大谷を下って京都の町に入り、専修念仏を人びとに説いたとする伝承はない。逆に、法を求める道俗は、賀茂川をわたり、山を上って法然の草庵に参じたのである。

法然が「山」を離れなかったのは、単なる偶然や、または生活上の便宜によったとするより、法然の宗教にとって、本質的なつながりがあった、とみるべきであろう。法然は、その生涯を念仏聖として過ごした。念仏することに救いがあり、そして念仏聖の姿こそ、法然の求めるところであった。法然が終生「山」を離れなかったのは、念仏聖として生きることを望んでいたからである。

念仏聖は、すでに平安中期以降、浄土教の盛行につれてあらわれてくるが、これらの念仏聖と異なる点は、法然が、専修念仏の教義の体系化をなしとげたことによるであろう。念仏聖は、系譜的に、天台や南都の浄土教のなかから出るが、しかし、これまでの念仏聖は教団の枠のなかにとどまり、また教義的にも、教団の外に出ることはなかった。ところが法然は、はるか時代と場所とを異にする唐の善導（六一三—六八一）を最高の師と仰ぎ、浄土の法門をうちたてたのである。『選択本願念仏集』は、専修念仏に帰入した法然の告白の書であり、また教義の体系の書である。もし晩年の配流の事態がおこらなかったとすれば、法然は終生、大谷から動くこともなく、もちろん京都の外に出ることもなかったであろう。法然が念仏聖の生活に安住し、東山の大谷にとどまったのは、いいかえれば、法然は「山の念仏者」であったことを意味する。その生活様式において、法然は「山」に住み、念仏聖として終始している。

　法然を「山の念仏」とすれば、一遍上人智真（一二三九—一二八九）は、「村の念仏者」といえるのではなかろうか。伊予の在地豪族、河野通広を父とした一遍は、十歳のとき母を喪い出家したという。その後、聖達について浄土教を学んだことは、一遍の生涯の方向を決定した。というのは、一遍は妻帯して在家生活を営んだこともあるが、四十歳近くになって、熊野に詣でて神勅念仏を感得し、それ以後、念仏の算を賦って諸人を化導することになったからである。また善光寺からの帰途、踊躍《おどり》念仏を始めるが、ともあれ一遍は勧化賦算と踊躍念仏をもって全国を遊行した。その足跡は、四国、九州から壱岐・対馬に及び、中国・北陸・関東・奥州にいたり、日本全土にひろがっている。一遍は、晩年の法然のように、帰るべき「山」をもたなかった。回国遊行の途中に病臥し、兵庫の観音堂で五十一年の生涯を終えたのである。「村」をめぐるのが一遍の運命というべきであった。

一遍が師事した聖達は、法然の弟子の証空の門弟であり、したがって法然の孫弟子にあたるが、いっぽう一遍は、紀州由良の法燈国師について参禅し、法燈から印可されたという。一遍の思想の形成に、禅が影響を与えたと考えられるが、最も注目されるのは、一遍と神祇との関係である。一遍は熊野に参籠して他力信仰の確立の示現を得ており、また諸国遊行の際には、各地で神明と結縁している。すなわち一遍の念仏は、法然の場合のように、神明と訣別した形で求められたのではなく、かえって神祇に随喜されているのである。一遍は「村」を辿って全国を廻ったが、したがって一遍の念仏は、「村」の老若男女が対象であった。同行による念仏の合唱のクライマックスには、板敷を踏みやぶるまでに踊るのであったが、これは、東山の山中にこもり、ひとり静かに念仏の生活をつづける法然の姿と、極めて対蹠的である。

法然は「山」を出ることをしなかったが、しかし専修念仏は、すでに法然在世中において、北陸・東海の諸国にまでひろがった。貞慶が起草したという「興福寺奏状」にも、このことが指摘されている。法然の直接間接の門弟が、諸国に専修念仏を伝えたのである。法然より一世紀おくれて登場した一遍の伝道が、専修念仏の地ならしの上に行なわれたことは察するに難くない。しかし、前者が「山の念仏者」として終始し、後者が、「村の念仏者」として活動したことに、私はふかい興味を覚えるのである。

三　聖光・証空

浄土宗鎮西派の祖である聖光、および西山派の祖である証空について、『口伝抄』は次のような話を伝えている。

まず聖光についてであるが、あるとき、親鸞が、東山大谷にある法然の禅房に往く途中、路次で一人の修行者に出あった。その修行者は、「智慧第一の聖人」に見参するため、鎮西（九州）からはるばる上洛したのであるが、親鸞の手引きで都合よく、面会することができた。しかし、この修行者の上洛の目的は、洛中洛外に聞こえた法然と問答し、いずれが勝れているかを試みるにあったので、この慢心は、たちまち法然の看破するところとなった。この修行者が聖光である。聖光は再度上洛して法然に推参したが、このとき法然から、勝他・利養・名聞の三つの慢心を誡められ、改悔の色を深くして、法然の膝下を辞した、という。

また証空についていえば、体失・不体失の往生に関して、親鸞と証空との間に、諍論がかわされた。親鸞の見解によれば、念仏往生は、身体が亡失せずに遂げられるのであるが、証空の意見にしたがえば、身体の亡失を前提として、往生が遂げられるという。しかし両名の対論では容易に結着がつかないので、法然に最終的な解答を求めた。すると法然は、両者の立場に、それぞれ同意をあたえると共に、次の点を指摘した。すなわち、念仏往生の機について述べた親鸞の立場は、至心信楽の帰命の一心により、すでに平生において即得往生が治定していること、また諸行往生の機について述べた証空の立場は、その故に、臨終を待つことなくしては往生が不可能であること、の二点を明らかにしたという。

『口伝抄』に載せられた右の物語は、親鸞の眼に映じた聖光像・証空像として、示唆するところ少なくないのである。

聖光は、諱を弁長といい、浄土門に帰してからは、弁阿弥陀仏と号した。応保二年(一一六二)に筑前(福岡県)遠賀郡香月の豪族の家に生まれた。親鸞より十一歳の年長者である。十四歳で得度して後、叡山や筑前の明星寺などで、天台や禅の法文を学び、三十一歳のとき、郷里に帰った。ついで油山寺の学頭となり、学徒の指導にあたった。

順調な修学をつづけた聖光をして、人間直視の機縁に触れしめたのは、舎弟の絶入であった。思いかけず眼前に無常の相を見た聖光は、これまで学び来たった法文(学問)が、無力であることを識り、人生の智慧を探し求める真面目な一求道者となった。まもなく聖光は、油山寺から明星寺に移ったが、たまたま明星寺の塔婆が再建され、その本尊仏を奉迎するために、建久八年に上洛し、京極綾小路の仏師康慶の家に仮泊した。そして仏像の完成を待つ間、一日、東山大谷の草庵に法然を訪ねた。時に聖光は三十六歳、法然は六十五歳であった。はじめて法然の庵室を訪ねた際、聖光が慢心をいだいていたことは、道光了慧が書いた『聖光聖人伝』に、「心中おもえらく、法然上人の勧化、富むといえども、なんぞわが所存に過ぎんや、かれの懐念を試みんがために、まずわが発心をのぶ」とある記事からも窺える。しかし、法然の人柄に帰服した聖光は、はじめて自己の不肖を恥じ、口を閉ざして言葉さえ出ぬ有様であったが、とにかく仏像が出来上がるまでの三か月間、日毎に法然を訪ねて、浄土の法門を聞いた。

完成した仏像を奉じて、筑前の明星寺に帰った聖光は、称名の生活を送ったが、建久十年（一一九九）に三十八歳で、再び上洛して法然に謁した。このとき聖光は、法然から『選択集』を付与された。老境に入った法然は、日暮れになると、常に身近にいる人の顔をも、見わけにくい有様であったが、前後六か年間の随従により、聖光は専修念仏の教えの真髄に徹することができた。

法然の声望が高まり、専修念仏が弘まるにつれ、山門や南都からの圧迫が、次第に露骨になって来た。元久元年（一二〇四）十月に、山門の衆徒が、専修念仏停止を座主に訴え、翌十一月に法然は、門侶百九十名を集会し、七箇条にわたって制誡するところがあったが、すでに聖光は、その年の七月に、筑紫に下っていた。そして法然の勧化のままに、『阿弥陀経』六巻・『六時礼讃』の読誦のほかに、六万遍の念仏を日課とし、往生の志ある道俗に対しても、念仏は、三万五万と数の多からんように、また声高らかに申すように勧めた。

筑後高良山麓の厨寺で、聖光を請じて千日の如法念仏会が行なわれた。その前日、高良山の大衆が僉議して、真言・止観（天台）の学地である高良山において、専修念仏を張行する謂れなしとして、念仏者を襲撃しようと計画していたが、霊夢に感じた一山の大衆は、逆に念仏に帰依する結果となった。筑前の彦山の住侶の中からも、念仏門に入る者が現われた。

筑後山本郷草野庄の豪族、草野入道要阿およびその妻の作阿は、敷地を寄進して伽藍を建て、聖光を招いて住持せしめた。善導寺と号し、光明寺ともいう。春秋二季の迎講会は、遠近の結縁者を集めて盛大に行なわれるのを例とした。このほか、聖光がはじめた寺院は、筑前・筑後両国を通じて、四十八院をかぞえた。

安貞二年（一二二八）に聖光は、肥後の往生院において二十余名の衆徒を結び、四十八日の別時念仏を修したが、このとき、末代の疑いを決し、未来の依拠とするために、手印を以て証とし、法然より相承の血脈を明らかにした。「末代念仏授手印」といわれるもので、法然より伝え来たところの念仏の法門を、謬らずに相伝弘通せしめる意図に基づくものである。

聖光は嘉禎三年（一二三七）の夏に、法然の『選択集』についての義疏、すなわち『徹選択集』二巻を選述した。しかし、その年の十月に発病、翌嘉禎四年（一二三八）閏二月二十九日に、筑後の善導寺において寂した。七十七歳であった。善導寺の釈迦堂の後方に墳墓が築かれた。

聖光は、日頃「念死念仏」を説いた。「出づる息、入る息を待たず、入る息、出づる息を待たず、助けたまえ阿弥陀ほとけ」といい、また「決定往生せんと思ひ切つて申す念仏」を勧めた。聖光の教導により念仏に帰した道俗は、二千を数えたという。

証空は、治承元年（一一七七）に、加賀権守親季の長男として生まれた。親鸞より四歳の年下である。九歳のとき、久我内大臣通親の猶子となった。曹洞宗を開いた道元は、通親の実子であるが、その兄弟には、興福寺別当親縁・東寺長者定親などがあり、門地の高い点で、法然門下中、証空は第一であった。

建久元年に、十四歳の証空は法然の室に入り、即日、剃髪出家した。法然は五十八歳であった。名聞利養を退け、もっぱら出離解脱のために出家を志した証空の心意に因んで、法然は解脱房の名をあたえたが、笠置寺の解脱上人貞慶と間違えられ易いことに気づき、あらためて善恵房と名づけた。証空の名は、実父親季の法名証玄の証と、師匠の法然房源空の空の字からとったものである。

法然の居住する東山大谷の近くの小坂（祇園の南に当る）に、証空の住房があった。証空は、小坂から大谷の禅房に推参して、浄土の法門を聞いた。建久九年には二十二歳の若年で、『選択集』撰述の席に列なり、勘文の役をつとめた。

親鸞と異なる点の一つは、証空が、天台の円頓戒を相承し、これを門弟に伝えたことである。それは建永元年の頃と推定されるが、時あたかも法然の専修念仏に対する南都北嶺の弾圧が激しくなり、建永二年には七十五歳の法然が、四国に配流され、親鸞もこのとき越後に流された。ところで、専修念仏弾圧の口実として、南都北嶺が挙げたのは、念仏者の破戒無慙な行為であるが、証空による円頓戒の相承は、専修念仏者が放下した戒を、出家者の立場において再びとり上げ、かくして専修念仏者に対する非難を回避するにあった。

証空は、天台の円頓戒とともに、天台学すなわち天台止観とも、真剣にとり組んだ。法然が八十歳の生涯を終えた建暦二年（一二一二）前後には、河内磯長の願蓮上人縁念について、天台法門を研鑽した。また天台座主を数度も勤めた吉水大僧正慈円について、台密（天台密教）を伝え、東密の研究をも怠らなかった。証空より約半世紀後に現われた東大寺の凝然は、証空について、「証空上人は願蓮上人に随つて天台宗を学び、かの宗を模して、この義門（証空の西山義）を立つ」と述べ、証空と天台との内面的連関性を指摘している。

法然が寂すると、証空は天台の慈円に接近した。慈円は、『愚管抄』のかくれた著者として知られ、兄の九条兼実は摂政ともなり、また法然に深く帰依し、法然の流罪を心痛して死期を早めたほどである。証空が慈円と親しくしたのは、その出自が、共に上層貴族であることの外に、慈円の兄の兼実と、証空の師の法然との、師檀関係にもよることであろう。

慈円から、京都西山の善峰寺の往生院（三鈷寺）を譲られた証空は、東山小坂の旧房から移り住み、ここを本居として講席を張り、また著述に専念した。証空が立てた教義を、小坂義または西山義と呼ぶのは、その住居の地名によるのである。

寛喜元年には、大和の当麻寺に詣で、中将姫の「当麻曼荼羅」を拝見し、この変相が、唐の善導の『観経疏』の分科に従って織られていることを確かめたが、さらに曼荼羅の図相銘文の研究を進め、著述としてまとめた。

この頃、証空は信濃の善光寺を経て、東国から奥州にまで巡化した。そして各地に寺院を建て、図絵した当麻曼荼羅を安置したり、不断念仏を施入したりして、浄土の法縁を弘めた。

嘉禄元年（一二二五）に、慈円は釈迦の宝号を唱えて入寂したが、四十九歳の証空は、慈円の臨終の善知識となった。九条兼実の八男である良快は、専修念仏の張本として、証空が追捕せられようとしたとき、大いに弁護するところがあった。また兼実の孫の九条道家も、深く証空を憑み、証空のために、法性寺の旧地内に遣迎院を建てた。宇都宮入道蓮生（実信）や津戸三郎入道尊願のような関東の御家人も、証空の門に入っている。

仁治四年（一二四三）に六十七歳の証空は、善峰往生院に同行同志を会し、梵網経・法華経などの一日書写供養を行ないそれを如法仏の胎内に納めた。その納入願文の一節に、「乗願欣求、沙門行恵、願生知識、証空和尚、同生弥陀、極楽世界」と記されてあるが、沙門行恵は、九条道家の法名である。また同じ如法仏の胎内から、「清浄金剛道覚」「証空」と上下に署名した木製の日輪が発見されたが、道覚は、かの承久の変に際し、難を避けて証空の門に入った後鳥羽院の皇子である。

法然門下の中で、上層貴族と結縁した点で、証空の右に出るものはない。

証空は、六万遍の称名、梵網・浄土三部経などの読誦を日課とし、終生、持戒精進の生活を送ったが、聞法の道俗に対しては、自力や戒・作善などの色どりなき「白木の念仏」を説き、「申せば生ると信じて、ほれぼれと南無阿弥陀仏と唱える」ことを勧めた。

宝治元年（一二四七）十一月二十六日、遣迎院において寂した。時に証空は七十一歳であった。遺体は、証空が三十五年の生涯を送った西山往生院に移され、華台廟に斂められた。

四　永　観

天永二年（一一一一）十一月二日に、京都東山の禅林寺で、永観《ようかん》が七十九歳で入滅した。白河上皇につづいて堀河上皇の院政時代で、京都の町は、日吉《ひえ》の神輿をかつぐ延暦寺の僧兵や、春日の神木を奉ずる興福寺の衆徒の要求貫徹のデモが、年中行事のようになっていた頃である。

永観の入滅について、当時の記録は、「往生人なり」とか、「往生の相《かたち》あり」と記している。臨終の床についた永観が、傍の弟子から、「苦痛はいかがですか」と問われて、「寿命が尽きるときの喜びは、たとえば、もろもろの病気から解放されるようだ」という『倶舎《くしゃ》論《ろん》』の言葉を示した。また念仏の声も弱まり、次第に聞こえなくなったので、「念仏はいかがですか」と尋ねられ、「いかにいわんや憶念をや」（アミダの仏名を聞くだけでも深い罪が除かれる、いわんやアミダを心に念ずる功徳はなお大である）という『観無量寿経』の文句を示し、やがて命終したという。

永観は学者の家に生まれた。十一歳で出家し、真言・三論などの学問修行を志した。しかし、出世間の場所であるべき仏教界が、世俗化し、栄進が僧侶のあこがれのまととさえなっている現状にあきたりなく思った永観は、三十歳頃から光明山寺に身を置き、遁世の生活に入った。京都と奈良とを結ぶ奈良街道の木津付近に、東大寺の念仏別所としての光明山寺があった。別所とは、浮世を厭い離れたシンボルである墨染の衣をまとい、数珠を手にして念仏をはげむ道場であり、延暦寺・高野山などの大寺の周辺には、求道者の集まる別所が設けられていた。

人里はなれた光明山寺で、十年余りの念仏生活を送ったが、そののち京都東山の禅林寺に移った。ここは永観の師の寺であった。境内に堂を建て、浄土願生の信仰生活がつづけられたが、四十歳を過ぎてから、永観の身体は弱くなり、病気がちになった。「病気は自分にとって本当の善知識です。病気になって、いよいよ浮世を厭わねばならぬ意味が分かるようです」と語っている。

そのころ、奈良の東大寺が荒れていた。南都の人々のすすめで、永観は東大寺別当におされた。こうして東大寺の修理復興の責任者となった永観は、寺側の手当を辞退し、かねて準備しておいたわずかばかりの蓄えで、自分の生活を営んだ。寺の収入を私用せず、復興に力をつくしたので、七重塔や食堂などの建物をはじめ、法会《ほうえ》も復活した。「たとえ毒蛇の頭を手にとることはあっても、世間の財宝を手にとってはならない。毒蛇がさすのは今回かぎりの痛みであるが、世間の財宝は、生々の怨みとなる」とみずからをいましめ、名誉や利益から遮断された孤独の境界を求めた。

白河法皇は、藤原氏の摂政関白体制に反撥して院政を始めた専制君主であるが、「生涯の営み、仏事にあらざるはなし」と評されたように、造寺造仏はおびただしいものがあった。白河の法勝寺《ほっしょうじ》は、まことに地上の極楽浄土とさえうたわれたが、あるとき上皇が、永観に向い、「法勝寺の建立は、どれほどの功徳であろうか」と尋ねたところ、しばらく黙していた永観は、「たぶん罪ではないと思います」と答えたという。

念仏の功徳を、十種にわけて説いた『往生拾因《じゅういん》』は、永観の著述のなかでも、最も重要なものである。また念仏の同行同志を集め、月ごとに行なっていた往生講《おうじょうこう》の内容次第も、『往生講式』の名で伝えられている。源信を、比叡山の念仏者の第一人者とすれば、永観は南都東大寺の念仏者の代表である。しかし源信が横川にこもっていたのとは異なり、永観は請《こ》われるままに、世間の中に入っていった。それだけ念仏の指導者を求める人々の声が強くなったのであろうか。永観がなくなった頃は、大原の良忍《りょうにん》の活動時代であり、その良忍がなくなった翌年に法然は生まれるのである。

五　熊谷蓮生房

熊谷直実《くまがいなおざね》は武蔵の大里郡熊谷郷（埼玉県熊谷市）の住人であり、坂東の武者、すなわち関東の武士であった。一の谷の合戦などで手柄をたて、鎌倉幕府の御家人となったが、その後、所役《しょやく》をおこたった責任を問われて領地をけずられ、また所領争いに対する幕府の裁決に不満をもち、ついに自ら髪をそって出家し、京都に上って法然の門弟となった。蓮《れん》生《しょう》房という。

東山大谷にある法然の草庵を訪れた蓮生房に向かい、法然は「自分の罪の軽重を気にせず、ただ念仏をさえ申せば、アミダ如来の極楽浄土に往生できるのです。ただそれだけのことです」と話したところ、蓮生房はさめざめと泣き出した。法然は不審に思い、しばらくしてから、その訳をたずねたところ、「手足を切り、生命をもすてよ、そうでないと汝は助からないのだ、と仰言られると覚悟しておりましたところ、念仏だけでよい、とのお言葉なので、あまりのうれしさに、つい涙をおとした次第です」と答えた。

合戦に出ては敵を殺し、時には女や子供をまでも無惨に殺してきた罪業の数々に、蓮生房は身ぶるいする思いであった。「無智の罪人が念仏を申して往生することこそ、アミダ如来の本願の正意です」と、法然はくりかえし如来の慈悲を説いた。こうして蓮生房は二心なき念仏の行者になったという。

摂政の九条兼実《くじょうかねざね》は法然に帰依し、また法然を戒師《かいし》として出家したほどであるが、あるとき法然を自邸の東山の月輪殿に招いた。やがて法然は兼実に浄土の法門を説き始めたが、法然のお伴をしてきた蓮生房は、御殿の縁側に手をかけ、「穢土ほど情ないところはない。もしここが極楽浄土であるとすれば、おそらくこのような差別はないにちがいない」と聞こえよがしに申したので、兼実の好意で蓮生房は大床に坐ることを許され、法然の談義を聴聞することができた。

念仏者になってからは、蓮生房は、かりそめにも西の方に背を向けることをしなかった。京都より関東に下る時には、反対に鞍を置かせた馬に、うしろ向きにまたがり、馬の口をとらせたという。馬上の蓮生房は、西方に向かって念仏しながら、長い道中を進んだわけである。

承元元年（一二〇七）二月に、師の法然は、門弟の所業の責任を引き受けた形で、四国の土佐に流罪になった。時に法然は七十五歳の老齢であった。

このころ高野山の別所にいた蓮生房は、法然流罪の便りを耳にすると、早々に高野を下り、京都東山の黒谷に帰った。その翌年九月、終焉の期の到ったことを遠近の知人に通知した。当日には結縁の人々が蓮生房の草庵に集まった。蓮生は袈裟をつけ、礼盤に昇り、端座合掌し、高声念仏のうちに最後を迎えた。

蓮生房は身体は強健であり、また病気らしい病気もしていなかったので、その命終はなお尊いものに思われ、極楽の上品上生はうたがいないと噂された。

蓮生房も、他の多くの鎌倉の武士と同じくこれといった学問教養もなく、ただ合戦を事とする殺伐な生活を送っていたが、人生の躓きで浄土門に入り、念仏者となった。天台や法相などの聖道門の消息を知らなかっただけに、念仏者としての蓮生房の態度は純粋であり直入である。蓮生房が念仏者となった後も、もち前の短気の性格は改まらなかったというが、蓮生房が念仏者になったのは、ちょうど幼児に立ちかえったように思われる。無欲純真な幼児の情が、猛々しい熊谷蓮生房の内部に宿っているのである。

六　栄西と法然

六世紀に、朝鮮半島を経て日本に伝来した仏教は、その後も、大陸からの僧侶の渡来や日本僧の大陸留学、また経典の将来などを通じ、不断に大陸の仏教を学びつつ、日本仏教として定着して来た。いわゆる南都六宗や天台・真言の平安二宗は、渡来僧や入唐学問僧によって、日本に移植せられたのであるが、天台・真言両宗のその後の発展も、唐・宋の仏教に深く影響せられた事実を、見逃がすことはできない。

ところで、鎌倉新仏教の発端となった法然の浄土宗の場合は如何であろうか。四十三歳で専修念仏に帰入するまでの約三十年間、法然が学業にいそしんだ比叡山は、日本天台の根本道場であり、そして法然の浄土教も、いわば日本仏教の結論の一つであったと見做されやすい。

法然が習学し、専修念仏を唱えるに到った背景が、日本天台の伝統を担う比叡山であったとはいえ、法然自身が先師として見出したのは、唐の善導であった。法然は、善導の著述―とくに『観無量寿経』の註釈書など―によって、時代と国境とを異にする善導に導かれ、専修念仏に帰入したのである。

善導の著述の大部分は、すでに八世紀の日本に伝えられており、『往生要集』を著した比叡山の源信や、『往生拾因』を撰した南都の永観《ようかん》なども、つとに善導について言及するところがあった。しかし法然は、法然に先行する三国（天竺・震旦・日本）のすべての浄土教家の中から、ただ善導一人を選び、その指南に一切を托した。法然の回心も、もし善導がいなかったとすれば、おそらく成立しなかったであろう。が、その善導は、すでに法然より六世紀以前の唐（日本の天智・天武時代にあたる）の僧である。つまり法然は、唐の仏教を、善導一個人の「言葉」に集約して受け容れたのである。

この事実は重要である。なぜなら、法然はかつて一度も宋（唐）に赴いたことはなく、従って、宋の仏教界の様子について何らの知見をもたなかった。またその必要をすら認めず、ただ七世紀の善導に、「言葉」を通して直接したのである。

「一心に専ら阿弥陀仏の名号を念じ、場所や期間の如何にかかわらず、名号と一体となることを、往生浄土の正定の業という。なぜなら、この業（行）こそ、阿弥陀仏の本願に合致するからである」（「一心に専ら弥陀の名号を念じ、行住坐臥に、時節の久近を問わず、念々に捨てざるをば、これを正定の業と名づく、かの仏の願に順じたるが故に」）という善導の言葉は、迷路に彷徨《ほうこう》する法然を蘇らせたが、同時に、法然が唱えた専修念仏の性格をも規定することとなった。念仏は、それを唱える場所や、それを唱える人によって、価値に高下があるのではない。「行住坐臥」に唱えることが、弥陀の本願に乗ずる所以である。かくして念仏は、男女・貴賤・賢愚の差異はもとより、在家者と出家者、すなわち在家と仏寺の質的な相違をも撥無《はつむ》することとなった。

仁安三年（一一六八）といえば、平清盛が病気のため出家した年であり、まだ平家の全盛時代であった。その年に、入宋を志した二十八歳の栄西は（法然は当時三十六歳）、博多の港で通訳の李徳昭から、宋の仏教事情、とくに禅の隆盛について聞かされ、深く心を打たれた。やがて入宋して明州《みんしゅう》の広慧寺で知客《しか》禅師に謁《えつ》し、かの道璿《どうせん》・最澄以降、日本では禅法が跡を絶っている現状を詳細に述べ、「日本の禅宗を復興しようと思い、宋に参りました」（「予《われ》廃を興さんことを懐《おも》ふ、故に此《ここ》に到る」）と決意を表明した。

栄西は、まもなく重源とともに帰国するが、二十年後の文治三年（一一八七）に、再度の入宋を試みた。この間に、平家は西海に滅び、鎌倉の源頼朝の時代となっていた。法然が、東山大谷で専修念仏を唱えてから、すでに十年が経過していた。

さて栄西入宋の願望は、禅の正統を日本に伝えることにあった。天台山に登って万年禅寺の敞《しょう》禅師の室に投じ、参禅問答して臨済の宗風を授けられたが、帰国に際し、栄西は師の敞禅師から、「釈尊が入滅されようとするとき、仏法の眼目を摩訶迦葉に付属せられた。爾来、相承して予に至っている。この法を汝に付属するのである。どうかこれを護持し、衆生に弘めてくれるように」（「夫れ昔、釈迦老人まさに円寂せんと欲するの時、涅槃妙心正法眼蔵を以て摩訶迦葉に付属す、乃至嫡嫡相承《てきてきそうじょう》して予に至る、今この法を以て汝に付属す」）と付法せられた。かくして栄西は、嫡々相承の臨済を日本に伝えたが、しかし、それは「言葉」だけではなかった。否、時には「文字」を拒否する禅の行法であり、禅院の風儀であった。

　帰国した栄西が、まず博多に聖福寺を建て、そののち鎌倉に寿福寺を、また京都に建仁寺を建てたのは当然である。宋で行なわれている禅院の様式を日本に移すことは、禅宗確立のための基本条件であった。「学問の浅い人も、また愚かな者も、心を致して坐禅すれば、かならず証悟に達するであろう」（「少聞薄解《はくげ》の輩と云ふと雖も、大鈍小智の類と云ふと雖も、若し専心に坐禅せば必ず道を得ん」）というのが、栄西の一貫した信念であったが、坐禅は、法然の念仏と異なり、禅院の施設と、そこにおける厳重な清規を必要とした。

　建仁二年（一二〇二）に、源頼家を檀越として建てられた京都の建仁寺には、真言・止観・禅の三院が併置せられた。栄西が、禅のみを表面におし出すことをせず、天台や真言とともに禅を説いたことについて、無住の『沙石集』に、「国の風儀に背かずして、教門をひかへて、戒律・天台・真言なんどあひかねて、一向の唐様を行ぜられず、時を待つ故にや」と評しているように、栄西自身、当時の天台・真言・法相などの旧仏教教団の粛正・改革を意図したのでもなければ、またこれらの旧仏教を敵にまわして、禅を宣揚しようとしたのでもない。ここで考えられるのは、仏教帰依の際の、法然と栄西との相異である。

美作国（岡山県）の地方武士の独子として生まれた法然は、両親の鍾愛を一身に集めて育てられたが、九歳の時、父は、かねて恨みを含む在地武士の夜討にあって殺され、一家離散の悲運に見舞われた。少年の法然が、仏寺に身を投じたのは、敵の執拗な探索から身を隠すためであったが、しかし急激な一家没落の衝撃は、法然の胸に深く刻まれた。

求道者——これが、比叡山における法然の姿であった。もちろん僧は、元来は求道者でなければならない。しかし世俗の名聞利養の風潮が波及しきたり、また合戦闘諍がくりひろげられる比叡山にあって、法然は黒谷に隠遁することにより、自身を一般の衆徒から区別した。法然は、法然自身を根底より脅かす不安からの解放を求めたのである。

備中国（岡山県）の吉備津宮の社家に生まれた栄西は、法然のような不幸な生活の激変を経験しなかった。栄西の入寺剃髪は、「躓きの石」を転機とするのではない。比叡山に登って具足戒を受け、天台や真言を修学したが、栄西の課題は、真実の仏法の発見にかけられていた。栄西が修学生活を送った比叡山や伯耆《ほうき》の大山《だいせん》は、しかし栄西の疑問に解答を与えなかった。困難を冒して入宋したのも、真実の仏法に遭わんとする栄西の熱意の然らしめるところである。栄西は、「天竺（印度）・唐土、仏法すでに滅ぶ、わが国ひとり盛んなり」という当時の日本人の常識を斥け、宋の仏法の隆盛をその眼で確認し、「印度・中国で現に行なわれている仏教について説き、有縁の人を仏法の大海に入らしめよう」（「西天《さい》・中華見行《てん》の法式を語って、信行の人をして仏法の大海の中に入らしめんと欲す」）と考えたのである。仏法を、自己の問題としてではなく、むしろ仏法そのものの問題として追求したのが、栄西の道であった。

自己の魂の救済を求めて出発し、専修念仏に帰した法然が、京都東山大谷の草庵に籠って、閑《しず》かに念仏の生活を送ったのに比べ、「仏法」を尋ねて入宋し、先仏弘宣《ぐせん》の禅法に遭った栄西が、やがて仏法の興隆のために、献身的な努力を傾けることになった。真実の仏法があきらかになった以上、これを再興することが、栄西の使命として自覚せられた。

栄西の「日本仏法中興願文」は、仏法興隆の志願を卒直に物語っている。その中で、日本の仏教が、大陸の仏教の指導と誘掖《ゆうえき》によって盛行した所以を述べ、しかし、大唐学問僧の渡航が断えて三百余年、また遣唐使が停止せられて二百余年も経た現在、大唐伝来の古実が謬られてきたのみならず、また廃たれた文化を興こすことも容易でない（「求法の渡海絶えたること三百余年、遣唐使停まることまた二百余年なり、ただに古実の漸く訛謬《かびゅう》するのみにあらず、また墜文を復すること永く得ざらんや」）ともいい、現実の日本仏教の動脈硬化を指摘している。しかも近世の僧が仏法に順わず、学者は仏儀を習わず、共に口先だけで仏教を云々する有様に顧みて、「私はこの仏法の衰えを救わんために、身命を忘れて、南宋の孝宗・光宗の両朝に渡唐した」と告白している。

法然と異なり、栄西は仏法（すなわち禅）中興の使命を荷負していた。自己の救済を志向する法然の念仏（浄土教）を、「私的」というならば、栄西の仏法興隆の道は、「公的」とさえ呼ばれるべきであろう。いいかえれば、法然にとっては、自己と如来との直接的な関係のみが重要であり、従って、生活様式は附随的な意味をしかもたなかったが、栄西の場合、生活様式は第一義的な規範と考えられた。帰国した栄西により、宋の禅林の風儀を移した禅院があいついで建てられたのは、いわばこれらの禅院を外にしては、禅法を修することができなかったからである。禅法は、禅院において修せられねばならないが、しかし栄西は、禅宗の興行について、王法・仏法相即の伝統に立脚していた。

栄西は、かれが宋から齎《もたら》した禅宗の流通を、国王（天皇）の命によって行なわれるべきであると考えた。仏法は、「私的」なことではなく、「公的」な、従って国家と深くかかわりあっている。なぜなら、正法（仏法）の興隆するところ、王法（天皇の国家）もまた興隆する。「興禅」はすなわち「護国」である。「禅院で恒に修しているのは、護国の神呪であり、国家を鎮護するの儀はあきらかである」ともいっている。

院政期において激しさを加える南都（興福寺などの奈良の諸大寺）・北嶺（延暦寺）の悪僧の強訴は、院政の主である上皇が、ともすれば等閑《なおざり》にしがちな王法・仏法相即の理念の確認をせまる実力行使にほかならなかった。古代国家に密着して成長してきたこれらの諸大寺が、自己の特権の擁護のため、鎮護国家の伝統的理念をふりかざすのは当然であるとしても、新帰国の栄西が、「謂く、王法は仏法の主なり、仏法は王法の宝なり」という古代仏教の通念を援用するのはなぜであろうか。

理由の第一は、禅宗に対する比叡山からの圧迫である。栄西と同時代の大日能忍は、摂津（大阪府）の吹田《すいた》に三宝寺を建て、禅を唱えていたが、当時、九州を中心として禅を弘めていた栄西とともに、延暦寺の衆徒の提訴するところとなり、朝廷から禅宗の弘通が停止せられた。栄西の『興禅護国論』は、南都・北嶺の抗議に答える意図をもっている。とにかく仏法の中興を目指す栄西にとって、天台・法相などの旧仏教の謗難を除く必要上、勅命による禅法施行を考えていたと思われる。

第二は、禅宗弘通の慣行である。宋においては、禅（臨済）と国王との結合は慣例となっていた。道場の建立は、国王の庇護によってなされ、師家には国師号や禅師号が贈られた。仏法は、国王に属している。栄西は、宋の臨済の様式を日本に移しただけである。いや、国王と分離した禅宗を想像することは、栄西にはできなかったであろう。

法然は専修念仏の教えを人々に伝えたが、しかし、このことは、「浄土宗」という新しい一宗の開創を意味するものではない。天台・真言・法相などの従来の諸宗とあいならぶ教団としての浄土宗の独立は、いわば制度的・外面的な事柄にすぎず、法然が求めた魂の「救済」とは関係がないからである。その法然が、やはり南都・北嶺から、私に一宗を開いたとして激しく非難された。もちろん法然は在世中、いわゆる堂塔伽藍がそびえる「寺」を建てたことはなく、そしてかれが止宿した東山大谷の草庵は、文字通りの庵室にすぎず、然るべき名称すらなかった。南都・北嶺からの謗難は、法然の専修念仏に結集する僧俗の急激な増加に刺戟されてのことであるが、この念仏者の集団を浄土宗と呼ぶなら、これは法然の意図の如何にかかわらず、いわば下から形成されて来たといえよう。依拠すべき寺院をもたず、ただ草庵や道場で念仏する求道者の集団―これが法然の浄土宗の核心をなすものであった。しかし勅命によって、禅法を弘通しようとする栄西は、上からの立宗を考えていた。真実の仏法は、如法の禅院において興隆せられるべきであり、従って禅院の建立は、禅宗の興行に不可欠であった。

栄西の大師号宣下の一件も、栄西一個人の名利心に基づくと見るべきであろうか。栄西は、重源の入滅の跡をついで、東大寺大勧進職となり、金堂の廻廊や中門などを造り、さらに京都北白河の法勝寺九重塔の慶讃供養をつとめた。この功により、大師号宣下を申請したが、比叡山の大衆が騒ぎ、沙汰やみになった。存命中の大師号は先例がないというので、その代りに権僧正に任ぜられた。同時代の歌人として著名な藤原定家《ていか》は、栄西を評して、「内に賄賂《わいろ》を構え、外に懇望《こんもう》をなす、まづは上人の法にあらず」といった。

無住は、栄西が遁世の身でありながら、僧正に任ぜられたことについて、末代の人が、遁世人を非人・乞食法師として軽蔑し、ひいては仏法そのものまでも軽侮する傾向があるので、方便をめぐらし、仏法のためを考えて、僧正に任ぜられたのであり、決して名聞のためでないと記している。思うに、無住の評言はあたっているであろう。栄西が、みずから僧正を望んだことも、また勅命を仰いで禅宗の弘通を計ろうとしたことも、その動機は共通している。すなわち、国王の権威を頂くことにより、仏法（禅宗）興隆の道を開こうとしたのである。栄西の究極の念願は、禅宗の独立と、仏教界の承認を得ることにあった。栄西は、宋の禅院の風儀を日本に移し、如法の袈裟や大衣を着し、持斎の行儀を行なったが、しかし、栄西による禅寺建立の意義は大きい。

これまでの日本の仏寺は、延暦寺によって代表される国寺か、あるいは興福寺によって代表される私寺のいずれかであった。平安時代中期以降の末法到来の時運に促され、石山寺・長谷寺などの霊験所や、欣求《ごんぐ》浄土のための阿弥陀堂が、クローズアップされてくるが、とにかく当時の仏寺は、上は国家から、下は貴族・庶民に到るまでの、現世利益・後生善処を保証し、または一個人の安息を提供する場所にほかならなかった。

しかし栄西の禅院は、修行の道場としての意義をもつものであった。道元が往時を回想し、「予、昔年《せきねん》初めて建仁寺に入りし時は、僧衆随分に三業（身と口と意の行為）を守りて、仏道の為め利他のために、悪しきことをば云はじせじと、各々志《こころざ》せしなり、僧正（栄西）の徳の余残ありしほどは、かくの如くなりき」と厳粛な禅林の風儀について述べている。真実の仏法（禅法）を、いかにして日本に弘通せしめるかが、七十五年に及ぶ栄西の生涯をかけての志願であった。

法然と栄西は、時代を同じくし（法然は八歳の年上であった）、また出身地も、美作・備中とあい接していた。両名は、少年の日に比叡山に登り、出家受戒を遂げている。しかし、終生、この両者は会う機会をもたなかった。

法然が、比叡山黒谷に籠居し、機根にかなう仏法を模索して、尨大な『一切経』を披読している間に、栄西は第一回の入宋を遂げ、また法然が、京都東山に移り住み、晩年の四国配流以外は、ほとんど京都を離れず、静かに専修念仏の生活を送っていたとき、栄西は再度入宋し、帰国の後は、京都と鎌倉との間を往来して、寿福寺・建仁寺を建立するなど、禅宗興行に多彩な活動をつづけた。両者の外面の生活は、著しい相違を示すが、しかし、内面の思想には、共通点が見られる。

法然の立場は、自己作善の仏道修行に堪ええぬ自己反省に立脚している。法然が、自己の「救済」を求めたのも、自己の限界を知り、自己に絶望したからである。法然が、「専修念仏の導師」と仰いだ唐の善導は、「煩悩具足の凡夫」「罪悪生死の衆生」の自己批判に徹したが、法然も、善導の自己批判を継承している。「十悪の法然房・愚痴の法然房が、念仏して往生せんと云也」と常にもらしたが、その法然が、源信（恵心僧都）のように、西方極楽浄土の光景や、阿弥陀如来の相好（姿）について全く言及せず、自己の罪業煩悩《ぼんのう》について多くを語ったことは対蹠的であった。

しかし、自己凝視を基調とする観心主義の傾向は、栄西においても著しい。『興禅護国論』の序において、「大いなるかな心や、天の高き極むるべからず、而るに心は地の下に出づ、……大いなるかな心や」と述べ、その心が、「第一義」であり、また「無上菩提」

であることを喝破する。栄西の禅法も、自己の心の外に求めることはできないのである。

法然が直面した自己は、絶望的かつ否定的であったのに対し、栄西の前に立ちあらわれた自己は、あきらかに肯定的であった。かくして法然の自己は、他力の「救済」を必要とし、栄西の自己は、「無上菩提」の実現に価《あたい》したが、このように両者の道は異なっていても、自己直視の観心主義に立脚している点に、いわゆる鎌倉新仏教が、仏教の再発見であるとされる所以があるのであろう。

七　親鸞

京都から山一つ越した日野山の奥に住んでいた鴨長明は、人の世の無常を『方丈記』に書きつづったが、それより四十年ほど前の承安三年（一一七三）に、親鸞は、この日野の豪族の日野有範《ありのり》の子として生まれた。その二年後に、比叡山で修学していた四十三歳の法然は、本願他力の専修念仏に帰し、まもなく山を降りて京都東山の大谷に居住するのである。日野氏は、藤原氏北家の一流であり、学者を多く出している。親鸞の伯父の宗光は大《だい》学頭《がくのかみ》であり、その子の宗業《むねなり》は文章博士であった。父の有範は、後白河法皇の皇后忻子《きんし》に仕えていたという。しかし当時の日野家は斜陽化しており、親鸞を含む五人の兄弟は、全部出家した。主として一家の経済的事情によるのであった。

養和元年（一一八一）に、九歳の親鸞は、慈円について出家し仏門にはいった。養和といえば、平氏、義仲、頼朝の三者鼎立《ていりつ》のころであり、とくにこの年は全国的に深刻な飢饉が襲った。「土塀の下や道のほとりに、餓死者が横たわり、片づけないままに放置してあるので、一面に悪臭がただよい、形も変わってゆき、目もあてられぬものが多かった」と、鴨長明は当時の悲惨なありさまをしるした。

親鸞の戒師（出家の儀式をあげるとき、仏教のいましめである戒を授ける師）をつとめた慈円は、『愚管抄』の著者として知られており、摂政として活躍した九条兼実の弟にあたる。彼は四度も天台座主となり、天台宗を統率した仏教界の実力者であった。慈円はまた比叡山横川《よかわ》の首楞厳院《しゅりょうごんいん》を管理していたので、出家した親鸞はその常行三昧堂につとめることとなった。常行三昧堂には念仏の行事をつとめるグループが置かれ、抑揚のついたメロディーにのせて、念仏をとなえたり、経文を読むことになっていたが、親鸞は、その不断念仏衆の一人、つまり堂僧になったのである。堂僧の身分は、低いものであった。しかし親鸞はこの経験をたくみに生かした。後年、三百五十首にもなる和讃をつくり、門徒に与え、この和讃を合唱することによって信心を深め、同朋《どうぼう》同行の結束をかためる方法を編み出したのも、堂僧時代の経験が役立っているといえよう。

比叡山延暦寺での立身出世は、親鸞の望むところではなかった。というのも親鸞は、後《ご》世《せ》、すなわち人生の問題につまずいたのである。仏教の説くところによれば、人間はすべて自己の行為についての報いを、前世―現世―後世の三世にわたって、受けなければならなかった。よかれあしかれ、この報いを回避することは許されないのである。こうして、前世の行為により現世の存在が規定せられ、現世の行為により、後世の存在が規定せられ、人間は三世流転の宿業から離脱することができない。

もちろん仏教は、このような人間の救済を意図するものであった。しかし、釈迦の在世からはるかに遠ざかった末法の悪世においては、もはや仏教そのものの力もいちじるしく衰えているとされた。釈迦の教えを説いた経典はあっても、まじめな修行者はあらわれず、修行の目標である悟りを期待することもできないのが、末法の姿であると考えられたからである。そして春日社の神木《しんぼく》をかついだり、また日吉《ひえ》社の神輿《みこし》を奉じたりして、要求を貫徹するため集団で都に乱入する南都（奈良）・北嶺（比叡山）の悪僧の所行も、末法の現実として受けとられた。人生の課題に目ざめた親鸞は、末法に生まれ、釈迦の教えから見放されるようになったことを悲しんだ。

建仁元年（一二〇一）に、二十九歳の親鸞は、一つの決断をせまられた。法然の専修念仏に帰するか、否かである。思いあまった親鸞は、六角堂に参籠し、聖徳太子の指示を仰いだという。興福寺や東大寺の三論宗や法相宗、また比叡山延暦寺の天台宗など、つまり南都・北嶺の古代仏教は、修行者自身の力によって、悟りへの道を目ざすとともに、他面鎮護国家、すなわち仏法によって国家を鎮め護ると説き、また王法と仏法、すなわち政治と宗教とが、たがいに依りあい扶けあうべきであると主張していた。八世紀以降の日本は、この体制で経過したが、しかし十二世紀の保元・平治の乱を契機として、古代国家＝王法の解体はあきらかとなり、したがって、南都・北嶺の古代仏教＝仏法の伝統的地位も、動揺をまぬかれなくなった。

古代仏教が示す自力修行の道に行き詰まり、天台宗から離れて浄土門にはいったのは法然である。阿弥陀仏の本願は、念仏をとなえる人に、浄土往生の道を開いている。古代仏教に絶望した末法の人びとも、専修念仏に帰すことにより、他力の救済にあずかることができるのである。京都の東山で念仏をすすめる法然の名声は、すでに洛中洛外に聞こえていた。そして比叡山の親鸞は、法然に心ひかれながらも、天台宗を離脱する決意に達することができなかった。

六角堂は、京都の町のなかにあり、聖徳太子の建立、仏法最初の寺として崇敬されていた。本尊の救世観音は、太子の本地、つまり救世観音が太子の姿をかりたものだといわれる。南都（奈良）・北嶺（比叡山）の古代仏教の勢力が支配的な京都において、六角堂は、これに超越する地位をもっていた。天台宗に疑惑をさしはさんだ親鸞は、六角堂にもうで、聖徳太子の教示を仰いだのである。

親鸞は、六角堂に百日のあいだ参籠し、後世の救いを祈ったが、九十五日の明け方に、聖徳太子があらわれて偈文《げもん》を示した。よろこんだ親鸞は、ただちに法然のもとに参じた。

こうしてその後も百日のあいだ、降っても照っても、また病気になっても休まず、比叡山と東山大谷のあいだを往復し、ついに専修念仏に帰する決断に踏み切った。

親鸞が法然の門にはいったとき、法然は六十九歳であった。九条兼実の依頼により、専修念仏の教義の体系化を意図して書かれた『選択本願念仏集』も、このころには完成していた。数多い法然の門弟のなかで、親鸞の入門はおくれたほうであった。しかし親鸞の法然に対する傾倒は、尋常ならざるものがあった。「法然上人がおいでになるところであれば、人は何といおうと、たとえ悪道に行かれるであろうと申しても、どこにでもついて行く決意である。もし上人に会って教えを受けることがなかったとすれば、わたくしはいつまでも迷いつづけなければならなかったにちがいない」と、親鸞は周囲の者に語った。法然への信頼が、本願念仏の信仰と表裏をなしている。元久二年（一二〇五）に、法然は親鸞に『選択集』の書写を許し、『選択本願念仏集』の内題の文字や、「釈綽空《しゃくくう》」の名前を書き与え、また自讃の影像をも授けた。法然から『選択集』を付属されたのは、源智・隆寛・弁長・証空など上足の門弟に限られていた。親鸞は、その後、夢告によって、綽空の名を善信と改めたが、法然は、また筆をとって「善信」と書き、『選択集』の伝持者であることの証しとした。

さて法然の専修念仏は、口でとなえる念仏のみを弥陀の本願とし、それ以外のすべての儀礼や行法を捨てることを意味しており、革新的な性質をもっていた。法然は、末世濁世において、本願の念仏のみが、いっさいの人の救済を保証する道であると説いたが、しかし、南都・北嶺の古代仏教は、法然がしりぞけたさまざまな儀礼・行法に価値をおき、意義をみとめていたのである。

法然の門人のなかには、「摂取不捨曼荼羅」という、教理の図解をたずさえ、伝道を行なうものもあった。光明を放つ弥陀の前に、僧侶・俗人を配してあるが、天台・真言の修行者のうえには光明がささず、殺生する在家者が光明を受けている。自力修行の僧は弥陀の救済にあずからず、専修念仏者のみが、弥陀の正客であることを図示しており、これは古代仏教に対する専修念仏の挑戦であった。このような専修念仏の興行に対し、古代仏教側が傍観していたわけではない。とくに延暦寺《えんりゃくじ》は、法然が出家修学したところでもあり、法然およびその門流の言動について、責任を負わなければならないと考えていた。東山で専修念仏をとなえても、法然は、天台宗の僧と見られていたのである。延暦寺からの警告を受けた法然が、門弟に自粛を促したことも再三であった。しかし門弟の古代仏教軽視ないし反発の機運を押えることは、むずかしい情勢になっていた。

元久元年（一二〇四）に、延暦寺の僧は重ねて天台座主に対し、専修念仏停止の措置をとるように申し入れた。法然は、在京・近国の門弟を集め、厳重な反省を促すとともに、南都・北嶺に対する言動の自粛を誓って、七箇条の制誡《せいかい》をかかげ、これに法然はじめ、順次門弟が署名し、天台座主に提出して、誠意の証しとした。「七箇条制誡」である。

門弟たちの署名は、三日間にわたって行なわれた。「沙門源空」（法然）につづいて、信空・感聖・尊西・証空・源智が署名しており、親鸞は、第二日目のところで、「僧綽空」と署名している。一人おいて「蓮生」、すなわち熊谷直実《くまがいなおざね》の署名がある。親鸞の名前が百九十人中の八十七人目に見られるところから、法然門下のなかでの親鸞の比重をうんぬんする見解があるが、しかし、親鸞の法然への入門が、わずか三年前であった点に注意しなければならない。

天台による専修念仏停止の運動は、無事に乗り切ることができたが、この事件を契機として、法然と親鸞との師弟の間柄は、いっそう緊密になった。ところがこの年に、南都の興福寺が念仏禁断の活動を開始し、その断行を後鳥羽上皇に訴えた。しかし上層貴族のなかには、法然に対する同情者があり、興福寺側の執拗な督促にもかかわらず、念仏停止を下命するまでにいたらなかったが、建永元年（一二〇六）に、一つの事件が突発した。法然の門弟の住蓮・安楽の両人が東山の鹿ヶ谷で別時念仏をはじめたところ、後鳥羽上皇の女房数人がひそかに参加し、ついに発心して尼になった。上皇の熊野《くまの》山臨幸の留守中のできごとである。一説によると、院の女房と安楽らとの密通が真相であったという。こうして住蓮・安楽は死罪となり、また法然は四国に、そして親鸞は越後（新潟県）に流されることになった。

後年に親鸞が『教行信証』を書いたとき、当時のことを回想して、「興福寺の訴えにより、主上・臣下は法に背き義に違い、忿をなし、怨みを結んで法然や門弟らを処罰した。罪を考えず、乱暴にも死罪に行なわれた者もあり、また還俗のうえ姓名を与えられて流罪になった者もある。自分もその一人である。したがって、もはや僧でもなければ俗人でもない。ゆえに、『禿』の字をもって姓とする」といっている。

神がかり的な国家主義思想が喧伝された太平洋戦争時代に、「主上・臣下法に背き義に違い云々」のことばは穏当でないというので、「主上の臣下」と読ませたこともあるが、ともあれ親鸞が、法然らに無法な弾圧を加えた「主上・臣下」すなわち後鳥羽院および近臣の措置に対し、深い憤りをいだいていたことはあきらかである。

晩年の消息（手紙）においても、親鸞は往事を追憶し、「後鳥羽上皇による念仏禁止が、曲事《くせごと》すなわち凶事発生の動機である」と述べている。曲事というのは、承久の乱をさし、このとき後鳥羽上皇と土御門天皇とは、かつての法然や親鸞と同じ配流の身となったからである。建永（承元）の弾圧は、法然や親鸞の生涯を変えたのみならず、すべての念仏者にとっても、とりかえしのつかない受難となった。興味ぶかいのは、親鸞が、建永の専修念仏迫害と承久の乱とを、一連の因果関係において見ているのに対し、あとで述べるように日蓮は、ただ承久の乱の生起そのことから宗教と国家についての疑問を発していることである。

親鸞の流罪の直接の原因は、あきらかでない。妻帯していたことをあげる意見もあるが、七箇条制誡に「僧綽空」と自署していることからすれば、妻帯の事実は疑わしいようである。のみならず、妻帯が配流の罪に価したとは考えられず、むしろ親鸞の伝道活動のアクチブなことが、京都追放の根本原因になったのであろう。

僧尼の処罰は、徒一年、すなわち懲役一年以上に該当する場合、まず還俗させたうえで、法に照らして処罰される。法然が還俗させられて藤井元彦の俗名が与えられたように、親鸞も還俗のうえ藤井善信の俗名を付された。こうして七十五歳の師と、三十五歳の弟子は、東と西に別れていったが、これが今生の訣別となったのである。

越後に下った親鸞は、国府（直江津市）付近に住むこととなった。壮麗な寺院や貴族の邸宅の立ち並ぶ京都と異なり、殺風景ないなかが親鸞を待ちうけていた。親鸞のそばには、仏法を聞くべき師もなく、また語り合うべき同行もいなかった。ただ親鸞の周囲には、きびしい寒暑をおかして耕作に専心する百姓農民や、また舟をあやつり海におもむく漁民の姿があった。

親鸞が、恵信尼との結婚に踏み切ったのは、流人としての窮乏生活からの脱出のほかに、北陸での孤独な生活に終止符をうつことを求めたからであろう。恵信尼は、国府ちかくの豪族三善氏の出自であった。のこされた消息から推察すれば、恵信尼は達筆達意であり、かなりの程度の教養を身につけていたことがうかがわれる。日記をつけていたらしい。

越後の親鸞は、すでに俗人であった。処罰による外的強制の結果にすぎなかったが、いま恵信尼との結婚により、名実ともに在家生活をいとなむこととなった。ただし親鸞は、仏教に帰依し専修念仏を敬信している。「非僧非俗」の沙弥《しゃみ》こそ、親鸞の生活の理想であった。そこで「愚禿」すなわち「愚かな禿頭者」を姓とした。また『往生論』をつくって浄土教の先師となったインドの世親《せしん》、そして、この書物の注解である『往生論註』をつくって古代中国に浄土教をひろめた曇鸞の二人から一字づつあわせて、親鸞と名のった。

妻の恵信尼とのあいだに、善鸞・小黒女房の一男一女をもうけた。建暦元年（一二一一）には信蓮房が生まれた。その年の暮れに、法然・親鸞らの赦免が行なわれた。摂津（大阪府）の勝尾寺に逗留していた法然は、四年ぶりに帰京したが、まもなく病臥し、翌年正月に大谷の草庵でなくなった。八十歳であった。

流罪赦免の通知は、越後の親鸞にもたらされ、つづいて法然の死も伝えられた。師なきいま、京都の専修念仏者たちの前途には多くの困難が予想された。しかも妻子ある親鸞は、聖の生活をつづけている京都の法然門流との交渉をもつことにおもはゆい感じをいだいたように思われる。本願念仏の救済には、在家や出家、老若男女の別がないことを法然は説いたが、しかし、京都における法然門下の主流は、僧としての生活をまもっていたからである。

「鏡の御影」に描かれた親鸞は、あたかも吹きさらしの大地に立ち、遠く北陸の海を見やっているようである。地中深く根を張った巨木のように、身動きもしない。こけた頬や、突き出た顴骨は、日本海のきびしい風雪に耐えぬいた百姓の姿を思わせるが、しかし、象《ぞう》のような小さなまなざしは、静かに語りかけているようである。親鸞は、帰京を断念した、というよりは、百姓から離れることを断念した、というべきであろう。

建保元年（一二一三）前後に、親鸞は一家をあげて東国に移住した。常陸《ひたち》（茨城県）の下妻《しもづま》にとどまり、ついで横曾根《よこそね》・高田をたずね、最後に稲田（笠間市）におちついたようである。一か年の約半分が、深い雪でおおわれる北陸では、農業生産に大きな制約があり、人口の増加にも限度があった。北陸農民の東国移住は、中世においても行なわれていたと考えられる。

親鸞一家の常陸移住は、越後の百姓の東国移民の背景において行なわれたであろう。親鸞を京都に帰らせなかったのみならず、さらに東国におもむかせたのは、親鸞一家と越後の百姓との念仏を紐帯とする信仰の結びつきではなかったか。注意されるのは、常陸の親鸞の居住地となった横曾根・高田・稲田の地名が、もと親鸞がいた越後の国府の付近にも見いだせることとである。

親鸞は、門徒としての百姓農民の強い要請により、四十代のはじめごろ、東国に移ったのである。したがって親鸞は、東国で新しく信者を獲得するための活動の必要はなかった。横曾根門徒・高田門徒などの同信同行グループは、すでに越後において形成されており、東国に移って後も、それぞれの門徒は、親鸞を中心に結束を固めていた。

親鸞の門徒は、おしなべて百姓農民であった。彼らは生活のために故郷を捨て、他国に渡らなければならない不幸な人びとであった。経済的にも文化的にも、恵まれるところが少なく、身分的にもいやしい「物も覚えぬあさましい人びと」(『末燈鈔』)が、親鸞の周囲に集まる人びとの姿であった。

在家生活を送る親鸞にとって、寺を建てる必要はなかった。親鸞の伝道は、部落の如来堂や太子堂においてなされたが、如来堂は、善光寺如来を安置し、また太子堂は、聖徳太子を奉安しており、民間信仰の拠点として、東国各地に多く設けられていた。親鸞の稲田の草庵は太子堂であり、また高田での伝道は、如来堂で行なわれたという。親鸞が、聖徳太子や善光寺如来の和讃を多くつくったのは、主として東国の念仏衆の要望にこたえたからであるが、また新しい信者を獲得する点で効果的であったと思われる。

稲田にあって、親鸞は『教行信証』の執筆をはじめた。専修念仏の教説を、親鸞自身の体験と知見によって体系化した著述であり、多数の経・論・疏を引証して浄土教の本質を説きあかしている。

元仁元年（一二二四）は、法然の十三回忌にあたる。親鸞は五十二歳になった。『教行信証』の文中に、元仁元年の年次が明記されていることからすれば、本書の成立にとって、記憶さるべき年であったからであろう。なおこの年に、親鸞の末娘の覚信尼《かくしんに》が生まれている。親鸞の東国時代は、四十代、五十代の約二十年間つづくが、元仁元年はほぼ中間にあたる。

親鸞が京都に帰ったのは、文暦元年（一二三四）前後であろう。親鸞は六十二歳ごろであったが、信空・隆寛らの法然の有力門弟の多くは、すでに死去していた。親鸞の帰京の理由は、あきらかでない。妻の恵信尼との離別にまで発展した家庭上の紛議にありとし、また東国における親鸞の偶像化があらわになり、ついに人師たることに堪えられなかったからであるとするなど、見解は種々であるが、おそらく『教行信証』の最終的な完成が、親鸞帰京の主目的であったと思われる。東国のいなかでは、経論などの閲覧も容易でなく、さらに教えを仰ぐべき人にも恵まれなかったからである。

親鸞は、妻子をつれて京都に帰ってきた。三十五歳のときに京都を離れて以来、すでに三十年近くの歳月が流れていた。親鸞一家は、五条西洞院に住んだ。また親鸞自身、八十六歳以後は、三条富小路にあった実弟の尋有《じんう》の住居に移った。六角堂に近いところである。

東国の門徒からは、二百文・三百文、ときには五貫文・二十貫文の懇志がとどけられた。「御こころざしのぜに三百文、たしかにたしかにかしこまりてたまはりて候」と、礼状を書いている。当時の米の価格はあきらかでないが、飢饉があった寛喜二年(一二三〇)に、米一石を銭一貫文におさえたことが参考になろう。とにかく所領のような安定した財産をもたぬ親鸞一家の経済は、主として信者からの仕送りにたよらなければならなかったのである。

東国の門徒が、京都の親鸞に懇志を運ぶのは、東国時代の親鸞が、門徒の扶持によって生活していたのと同様であった。親鸞は、機会をみては京都から各門徒に消息をつかわし、念仏をすすめた。師と門徒が、ともに在家生活をいとなむ仏教信者であること、したがって、仏道修行の場所としての寺院ではなく、同朋同行の集会所である道場をもち、念仏の一行によって結ばれたことは、親鸞の教団の特色となった。

親鸞の経済生活が、門徒の給付に依存したように、親鸞の一族、さらにその後継者も、東国の「いなかの人びと」に支持を求め、経済的な援助を期待した。帰洛後の親鸞は、和讃をつくり、信仰のささえとなる先徳の指南書を書写し、また著述をつづけた。八十代および九十代におけるたくましい親鸞のエネルギーには、目を見張らされる。この活動は主として東国の門徒に対してなされたのである。

親鸞と東国の門徒との交情は、こまやかであった。主人に秘して上京し、親鸞をたずねた年若い男もあった。下野《しもつけ》（栃木県）を出発したところ、道中で発病し、同行たちからすぐ帰国するように説得されたが、「どうしても死ぬということであれば、国に帰っても死ぬことでございましょう。ここにとどまっても死ぬことでございましょう。また、病気であれば、帰っても病み、とどまっても病むことでございましょう。同じことであれば、師の御もとで余命を終わりとう思います」といって、同行のすすめをしりぞけ、病気をおして上京し、ついに親鸞のもとで往生をとげた門徒もある。

彼の子息も、「なんとかして京に上り、心しずかに、せめて五日間なりとも、おそばにおりたいと願っております」と親鸞に心情を書き送った。「おのおの十余箇《か》国の境を越えて、身命を顧みずして尋ね来らしめたまふ御こころざし、ひとへに往生極楽の道を問ひ聞かんがためなり」という『歎異抄《たんにしょう》』の有名な一節が思い合わされる。

しかし、親鸞は、家庭的には恵まれなかった。一家をあげて京都に移り住んだが、そののち妻の恵信は、親鸞と別れて、生国の越後にくだった。越後にいる子女の小黒女房や益方が、母の恵信を必要としたからであろうか。親鸞は、すでに八十歳前後であった。親鸞の子の善鸞は、東国に下り、念仏の新儀をとなえて、門徒を掌握しようと企てた。つまり父にかわり、門徒を支配しようとたくらんだのである。建長八年（一二五六）に八十四歳の親鸞は、「今は親といふことあるべからず、子と思ふこと思いきりたり」と善鸞あての手紙を書き、わが子を義絶した。妻や子とは別れ、実子には裏切られた。この苦難のなかで、親鸞は『教行信証』を完成し、またおびただしい著述や書写をつづけた。親鸞の末娘の覚信尼は、夫の日野広綱と死別して後、一子の覚恵をつれて、親鸞のもとに帰っていた。

弘長二年（一二六二）十一月二十八日に、三条富小路の尋有の房舎で、親鸞は終焉を迎えた。九十歳であった。臨終には、覚信尼、尋有のほかに、越後から上京した子の益方がおり、また東国の門徒も何人かが加わった。かねて親鸞は、「自分が死んだならば、遺体は賀茂河にいれて魚に与えるように」と語っていたというが、遺体を荼毘《だび》に付した後、遺骨は東山の大谷に葬られた。現在の知恩院山内の崇泰院《そうたいいん》の地である。文永九年（一二七二）に覚信尼は、門徒の援助により、吉水の北辺に親鸞の遺骨を移し、御影堂を建立して、その護持にあたった。大谷本廟の草創である。東国の門徒は、親鸞在世のときと同様、京都にのぼって本廟に参り、また本廟をあずかる留守職の覚信尼に懇志を運んだ。大谷本廟が、後に本願寺となったのである。

八　日蓮

親鸞は、鎮護国家を使命とする南都（奈良）・北嶺（比叡山）の古代仏教、すなわち興福寺・東大寺の法相宗や三論宗、また延暦寺の天台宗などが、もはや末法悪世に適応しえなくなったことを反省して、本願他力の浄土教に自己の救済を見いだしたのであるが、彼と異なり、むしろ天台宗の再興者であることを自負して、国家擁護の仏法、すなわち法華宗（日蓮宗）をとなえたのは、東国の日蓮であった。承久四年（一二二二）、すなわち承久の乱の翌年に、日蓮は安房《あわ》（千葉県南部）の小湊《こみなと》に生まれた。ときに親鸞は五十歳であり、東国にあって農民のあいだに念仏をすすめていた。

鎌倉新仏教を代表する僧のなかで、法然は地方豪族の子であり、栄西は神官の家に生まれた。親鸞・道元は、ともに貴族の出自である。つまり彼らは近畿・西国の出身であり、その身分は支配階層に属していた。ところが日蓮は「東夷《とうい》」と蔑視された東国の人であり、しかも、みずからいうように、「賤民が子」であり、「海人が子」であった。

天福元年（一二三三）に、日蓮は安房《あわ》の清澄山《きよすみやま》に登り、出家して是聖房蓮長《ぜしょうぼうれんちょう》と号した。清澄寺《きよすみでら》は天台宗であった。若い日蓮は、ひそかに虚空蔵菩薩《こくうぞうぼさつ》に願を立て、「日本第一の智者となし給へ」と祈った。自分自身の救済よりも、自己の学問の達成に、強い関心が寄せられていた。「遠国」に生まれた日蓮は、たえず「都」を意識し、また中央の仏教界の水準を抜く第一流の僧になろうとつとめたのである。

仁治三年（一二四二）に、二十一歳の日蓮は上京して比叡山にはいった。その後の約十年間、南都や高野山などもたずねて、天台や法相・真言などの古代仏教の理解を深め、また儒教や和歌についても学んだという。建長三年（一二五一）十一月に、日蓮は、京都の五条坊門富小路で、真言宗関係の書物を書写している。そのころ親鸞は、三条富小路の尋有の坊で、『教行信証』の完成を急いでいた。道元は、越前（福井県）の永平寺で、只管《しかん》打座《たざ》の禅法を説いていたころである。

延応元年（一二三九）に、承久の乱の責任者の後鳥羽上皇は、隠岐（島根県）の孤島で、十九年におよぶ配流生活のなかで悲劇的な生涯を閉じた。その直後、三浦義村や北条時房など、承久の乱を指導した幕府の重臣が、あいついで急死したので、これは後鳥羽上皇のたたり、すなわち怨霊によるものであるとの風評が流れ、京都や鎌倉の人心が動揺した。その三年後、すなわち日蓮が比叡山にのぼった仁治三年（一二四二）には、順徳上皇が配所の佐渡（新潟県）でなくなった。なお土御門上皇は寛喜三年（一二三一）に阿波（徳島県）で死去していた。

後鳥羽・順徳両上皇の不幸な、そして悲惨な最期の理由について考えあぐんだ日蓮は、一つの結論に到達した。寿永の乱（源平合戦）で、安徳天皇は海中にはいり、承久の乱では、後鳥羽・順徳・土御門の三上皇が、いわば家来にあたる北条氏に攻められ、島に流される結果となったが、このような下剋上による「王法」の衰えは、日蓮にすれば、「仏法」の衰えにもとづいている。仏法によって国もさかえるが、また仏法によって国は滅びるのである。

仏法の盛衰は、延暦寺によって象徴されていた。ところが鎮護国家の重責をになう比叡山延暦寺は、いまや天台宗本来の姿から逸脱している。というのは、安徳天皇以後は一向に真言宗となり、その後は、法然の専修念仏をとり入れ、不純な状態にあったからである。王法が後退し、亡国の危機がせまってくるのは、当然というべきであろう。法然・親鸞の浄土教は、国家政治には背を向け、ただひたすら自己の救済を求めた。念仏が、直接国家＝王法に結びつくはずはなかった。また道元は、国家を離れて、仏法の真理を追究した。しかし日蓮は、国家政治の場所に立ち帰り、これに対応する仏法をさがし求めたのである。

さて、叡山をくだり、生国の清澄山に帰った日蓮は、建長五年（一二五三）四月のある朝、さしのぼる太陽に向かって「南無妙法蓮華経」の題目を高らかにとなえた。霊感が、日蓮によみがえったのであろう。日蓮は、清澄寺の大衆を集め、『法華経』に帰したことを告げるとともに、念仏が永久に救いのない無間《むげん》地獄の業であることを宣言した。日蓮は三十二歳であった。

はたして日蓮は清澄山から追放された。そして鎌倉の松葉ヶ谷《やつ》の草庵に住し、唱題の生活にはいった。蓮長の名前を日蓮と改めたのは、このころのことである。日月にまさる明らかなものはなく、蓮華にまさる浄きものはない。そして『法華経』は、日月と蓮華である。日蓮の名前はこれにもとづくものであった。日蓮は、鎌倉の辻に立ち、人びとに向かって『法華経』の功徳を説き、唱題をすすめた。『法華経』は、八万四千といわれる数多い釈尊の法門のなかで、最後に説きあかされた真実の経典であり、衆生の成仏の直路が示されている。

『法華経』の受持は、日蓮においては、唱題、すなわち「南無妙法蓮華経」と口にとなえることであった。「現在は、もう末法にはいっているので、釈尊が説かれたすべての経典は、『法華経』をも含めて、まったく役に立たなくなった。ただ南無妙法蓮華経だけは例外である」と日蓮は主張する。こうして日蓮は、すべての仏教のなかから、ただ唱題のみを選んだのであるが、この方向は、諸行を捨てて念仏の一行を選びとった法然の専修に通じる。つまり法然の専修念仏は日蓮によって、専唱題目におきかえられたといえよう。しかし日蓮は、法然のように、浄土を西方十万億土のかなたに求めなかった。浄土という地獄というも、外の世界ではなく、各人の心のなかに存在している。これを悟っているのが仏であり、迷っているのが凡夫である。娑婆《しゃば》即寂光土《そくじゃくこうど》、すなわち人間が住むこの娑婆世界が、寂光にかがやく仏の浄土になるのであり、唱題がこれを実現するのである。

ところで日蓮は、なぜ伝道の場所を鎌倉に定めたのであろうか。日蓮の宗教の国家政治との不可分性のゆえに、政権の所在地としての鎌倉が注目されたのであろうか。そういえば、政治の実権を喪失した京都は、日蓮の布教の第一目標にはなりえなかったにちがいない。そして南都・北嶺の中央仏教に対し、コンプレックスをいだく東国出身の日蓮は、京都よりも鎌倉に親近感をもったであろう。

日蓮の説法のはげしさに、石を投げ、罵言《ばげん》をあびせる者もあったが、しかし門弟となる者もあらわれ、また富木《とき》・曾谷・四条などの武士の帰依者もできてきた。

正嘉元年（一二五七）以降、連年のように天変地異がつづき、飢饉や疾病がはなはだしかった。幕府や京都の朝廷では、諸社に命じて祈禱を行なわせたが、事態は改まらなかった。松葉ヶ谷の庵室から、つぎつぎに起きる災異を見てきた日蓮は、その理由について考えをめぐらし、ときには駿河（静岡県）の実相寺をたずね、一切経を閲読して証拠や事例を求めた。

文応元年（一二六〇）に、三十九歳の日蓮は、『立正安国論』を書きあげた。日蓮によれば、近年の天災地妖は、念仏の邪法の横行にもとづいている。すなわち、法然の『選択集』の謗法により、国土守護の善神が日本を見捨て、悪神が住みついているからである。経典に説かれる三災のうち、穀貴（食糧の価格の騰貴）・疾疫（流行病の発生）の二つはあらわれたが、兵革（戦争）はまだあらわれない。また七難のうち、他国侵逼難と自界反逆難、すなわち外敵と内乱の二難も、まだきざさない。とにかく天下の安静を願うならば、国中の謗法を断つべきである。「謗法」とは仏法をそしることであるが、日蓮にとって、仏法は『法華経』のみを意味した。したがって、念仏をとなえる法然や、禅をすすめる道隆なども、「謗法者」とされたのである。

「まず国家を祈りて須《すべから》く仏法を立つべし」と日蓮は主張する。仏法すなわち『法華経』を流布させることによって、国家は安んじられるのである。日蓮は『立正安国論』を北条時頼に差し出し、為政者の善処を求めた。第一の国諫である。時頼はすでに最明寺で剃髪し、執権職を長時にゆずっていた。

時頼は、念仏者に対する挑戦を意味する『立正安国論』を、黙殺した。しかし鎌倉の念仏者はおさまらず、松葉ヶ谷の日蓮を襲い、草庵に火を放った。執権北条長時の父の重時は、熱心な念仏者であった。難をのがれた日蓮は、下総（千葉県・茨城県）にいき、富木《とき》氏をたよった。富木氏は、日蓮のために一堂を建てた。こうして日蓮の周囲には、法談を聞く近郷の武士などが集まり、日蓮の教線が、下総にのびる好機となった。

一か年もたたないうちに、日蓮は松葉ヶ谷に帰り、ふたたび鎌倉の辻に出て、謗法、すなわち念仏や禅の折伏をはじめた。しかし日蓮による諸宗批判は、そのまま幕府に対する非難に結びついた。これらの謗法を放置することそのことが、幕府自身の責任の放棄を意味すると考えられたからである。

執権北条長時の命により、日蓮は捕えられた。日蓮の罪状が、幕府の政道批判にあることはあきらかであった。こうして四十歳の日蓮は、伊豆（静岡県）の伊東に流されることになった。ただし幕府は、日蓮の処罰にあたり、法然や親鸞の場合のような還俗《げんぞく》の手続きをとらなかった。謗法禁圧の強硬措置を期待した日蓮は、期待が裏切られたのみならず、かえって幕府から処罰を受ける結果となったのである。

日蓮が伊豆の伊東に移った翌年の弘長二年（一二六二）に、九十歳の親鸞は、なすべきことをなしおわったように、長い生涯を閉じた。伊豆の住民の日蓮を見る目は、憎悪に満ちていた。しかし、船もりの弥三郎夫婦が日蓮をかばい、ひそかに食事・洗足・手水などの世話をつづけた。「自分の父母が伊豆の伊東川奈と云ふところに生れかはられたのであらうか」と、日蓮は感謝の消息を弥三郎あてに書いている。伊東での流人生活のなかで、日蓮は、自己の教義の組織化を試み、『教機時国抄』などを書いた。『法華経』ゆえに迫害された日蓮の苦しい体験は、みずからを「法華経ノ行者」として自覚させるようになったのである。

弘長三年（一二六三）に赦免があり、日蓮は十年ぶりで郷里の小湊に帰り、また旧師をたずねたりした。しかし、この地の御家人東条景信は日蓮を憎み、手兵をひきいて東条の小松原で日蓮を襲った。私刑である。弟子一人は殺され、二人は重傷を負った。日蓮も頭に傷を受け、左手を折られたが、幸い生命は助かった。東条景信も念仏者であった。「法華経ノ行者」に対する非難・迫害の生起は、『法華経』の予言するところであった。焼打・流罪・刀難と迫害がつづくにしたがい、日蓮の『法華経』に対する帰依は深まり、そして使命の重大性を感じた。

蒙古の忽必烈《ふびらい》は、日本遠征の意図をもっていたが、文永五年（一二六八）に使者を日本につかわし、威嚇的な国書を提出した。幕府は返事の書面を送らないことを決定したが、いっぽう十八歳の執権北条時宗を中心に、蒙古来襲にそなえて国内体制の確立が急がれた。九年前に『立正安国論』で警告した「他国侵逼難」すなわち外寇の予言が的中した、と日蓮は考えた。蒙古の来襲を防ぎ、国難を除くためには、念仏や禅などの謗法を禁じ『法華経』を興隆させなければならない。もし幕府が、謗法の高僧に依頼して、国土守護を祈請せしめるようなことにでもなれば、仏や神は怒りをなし、かえって国土を破壊するであろう。いま、蒙古調伏ができるのは、比叡山の延暦寺を除き、日本中では日蓮ただ一人である。

日蓮はふたたび『立正安国論』を草し、右の趣旨の書状をそえ、執権時宗以下の幕府首脳、および極楽寺の忍性《にんしょう》や大仏殿の別当など、鎌倉における指導的な七人の僧に送った。これを第二の国諫《こくかん》という。建長寺の道隆に与えた書状において、日蓮は、「念仏は無間地獄の業、禅宗は天魔の所為、真言は亡国の悪法、律宗は国賊の妄説《もうせつ》」とのいわゆる四箇格言を宣言した。

このたびも、日蓮の上書は黙殺された。しかし、日蓮による諸宗折伏はつづけられた。このころ日蓮は、叡山に留学していた一人の弟子に消息をおくり、震旦《しんたん》・高麗《こうらい》などの国が、禅宗・念仏宗の謗法に傾いたゆえに、蒙古に滅ぼされたのであり、日本もこのままでは安穏とはいえない、と書いている。文永八年（一二七一）に旱魃《かんばつ》があり、幕府は極楽寺の忍性に祈雨を依頼した。日蓮はこの機会をとらえ、忍性に法験くらべをいどんだが、忍性はこれを無視した。しかし忍性の祈雨は成功せず、日蓮からはげしい非難が加えられた。ところが忍性に同情した浄土宗の僧が、日蓮を幕府に訴えたのである。

法華宗をひろめるにあたり、日蓮は、なぜ他宗の折伏を必要としたのであろうか。つまり他宗に対して、攻撃者ではなく、傍観者の立場をとることができなかったのであろうか。鎌倉の武士や庶民の仏教が、浄土・禅・真言・律の各宗に限られ、しかも、それ以外の宗派の進出を拒んでいる限り、新興の法華宗が割りこむためには、尋常の手段では不可能であろう。日蓮が、諸宗攻撃の戦闘的な布教手段をとったのは、不利な現状のしからしめるところであった、とする見解もある。

しかし、この問題は、日蓮の宗教の性格に根本的な原因をもっているといえよう。日蓮によれば、『法華経』を誹謗する限り、三災七難が見舞うのであるが、この点で、『法華経』は国家政治と深くかかわっている。そして国家的な災難を除去するのは、政道、すなわち幕府の政治であった。日蓮が幕府に対し、執拗《しつよう》なまでに謗法の処置を求めた理由はここにあるが、同時に、天台宗の再興を意図する日蓮には、法華宗こそ国家擁護の唯一の仏法である、との確信があった。謗法が存する限り、日本に平和はこない、と日蓮は考えたのである。しかし、日蓮によって謗法ときめつけられた他宗も、法華と同じ仏法であった。

日蓮の尋問にあたった侍所の所司平左衛門尉頼綱は、日蓮の断罪を決意した。そして数百の兵をひきいて松葉ヶ谷の草庵を襲った。日蓮は大音声をはなち、「物に狂った平左衛門尉は、いまや日本国の柱を倒そうとしているのだ」と叫んだという。その夜、日蓮は七里ヶ浜の磯づたいに龍ノ口の刑場に送られたが、にわかに流罪を申し渡された。時宗の妻の懐妊が、死刑赦免の理由の一つと考えられる。また幕府の内部に、日蓮に同情的な人もいた。しかし何よりも、出家者を死罪に処すことがはばかられたのであろう。

五十歳の日蓮は、佐渡〈新潟県〉に流されることになった。

佐渡の大野郷塚原は、京都の蓮台野《れんだいの》のように、死体を捨てる三昧《さんまい》〈墓地〉であった。そこに一間四面の堂があったが、地頭の本間重連《ほんましげつら》の命により、この堂が日蓮の居住の場所となった。堂内には仏像も安置されず、天井は板間があわず、周囲の壁はくずれ落ち、寒風は吹きつけ、降る雪は消えることもなかった。日蓮は敷き皮をのべ、蓑《みの》を着て寒さをしのいだ。「二《ふ》た月は寒風頻《しきり》に吹て、霜雪更に降ざる時はあれども、日の光をば見ることなし」というありさまである。日蓮は、みずから草を摘んで露命をささえなければならなかった。幕府に憎まれ、人びとから父母の敵のように思われた日蓮は、しかし、みずから「日本国には第一の忠の者」をもって任じ、『法華経』にすべてを託した。

日蓮の熱烈な教化により、謗法者とくに念仏者の多い佐渡においても、新しい帰依者があらわれはじめた。遠藤為盛もその一人である。彼は遠藤盛遠《もりとお》すなわち文覚《もんがく》上人の曾孫にあたる、北面の武士であったが、順徳上皇の配流に従って佐渡にくだってきた。そして上皇の死後、その御陵を守り、妻とともに念仏の生活を送っていたのである。この老夫婦が、日蓮の感化により、法華の信者となった。阿仏房と千日尼である。このほか日蓮に好意をよせ、また信者になる者が増してきたので、幕府は禁令をくだし、僧俗が日蓮に従うことを制した。

地頭《じとう》本間重連は、流人日蓮の監視にあたっていた。文永九年（一二七二）正月に、日蓮は鎌倉の内乱勃発を予想し、本間重連に説いて、急ぎ鎌倉にいき、高名をあらわすようすすめたが、重連は信用しなかった。しかし、その翌月に、六波羅探題北条時輔の謀反が発覚し、京都や鎌倉で騒動がもちあがった。『立正安国論』の上書以来、日蓮は、他国侵逼難および自界反逆難の出現を警告し、そのため二度の国諫を行なったのであるが、いまや北条時輔の謀反により、後者の予言が的中する結果となったのである。

このことがあってから、地頭本間重連の態度は変わり、日蓮は塚原三昧堂から、一の谷《さわ》の百姓家に移された。この百姓の家族も、まもなく日蓮に帰依するようになった。日蓮は佐渡にあって、『開目鈔』を書き、「我れ日本の柱とならむ、我れ日本の眼目とならむ、我れ日本の大船とならむ、等とちかひし願、やぶるべからず」と真情を述べた。日蓮は、日本の未来をさし示す予言者であり、そして末世の衆生を教え導く善知識であった。

鎌倉では、日蓮の赦免が議せられるようになった。時宗の大叔父にあたる北条時盛が、日蓮に帰依し、佐渡の日蓮に刀を送り、祈禱を依頼するようなこともあった。幕府の儒官の比企《ひき》大学能本も、日蓮の赦免に動いた一人である。文永十一年（一二七四）二月に、日蓮の赦免が決定した。時宗の赦免状をもった使者の一行には、このとき土牢の禁固を解かれた弟子の日朗も、加わっていた。こうして日蓮は、三年ぶりに鎌倉に帰りついた。五十三歳であった。鎌倉に帰った日蓮は、十日後に、北条時宗に招かれて幕府に出頭した。このころ連年のように、蒙古の使者が来日しており、緊迫の度が加わっていた。幕府は、蒙古来襲についての日蓮の知見を求めたのである。

日蓮は、今年こそ来冦の年であること、そして異国調伏の祈禱を真言師などの謗法者に仰せつけられるならば、日本は仏や神に見放され、かならず敗北するであろう、と断言した。蒙古の来冦から日本を守ることにおいて、幕府首脳と日蓮とのあいだに、意見の相異があるはずはなかった。これを仏教に期待する点においても、両者の見解は等しかった。鋭く対立したのは、選ばれるべき仏教の種類についてである。両者の主張は、平行線をたどった。

日蓮は、幕府当局に対し、日本の危難を予言し、すでに二度までいさめてきた。三度目の国諫をしたが、幕府は聞き入れようとはしない。「三度国をいさめんにもちゐずば国をさるべし」という古代中国の伯夷叔斉《はくいしゆくせい》の故事にならい、同年五月に鎌倉を出て甲斐（山梨県）の身延山にはいった。この地の地頭波木井《はきい》実長が、日蓮を迎えたのである。

滝の音や猿の声が聞こえ、昼なお暗い身延の山奥に、日蓮の庵室があった。身延入山は、日蓮の敗北を意味するであろうか。仏法が日本に渡って以来七百余年たつが、『法華経』のゆえに、これほどまでに諸人から憎まれ、恨まれた者はない、と日蓮は考えた。しかも日蓮の心は、つねに『法華経』のうえに置かれていた。「鳥と虫とは鳴けども涙おちず、日蓮は泣かねども涙ひまなし」とも述べている。日蓮について、ともすれば戦闘的なはげしい風貌を想像しがちであるが、中山法華経寺所蔵の日蓮画像は、内の悲しみに耐え、静かに『法華経』を誦する温容をしめしている。

身延山中の生活は不自由であった。ことに寒気はきびしかった。一年の半ばは、深い雪に閉ざされた。鎌倉をはじめ、東国各地の門弟や信者は、銭や食糧・衣料を送りとどけた。「白米一駄《だ》をくり給ひ了《おわ》んぬ」、「かたびら一・塩一駄・油五升給ひ候了んぬ」「満月のごとくなる餅二十・甘露のごとくなる清酒一つつ給い了んぬ」と深い謝意をこめた消息をしたためている。

弟子や信徒は、遠路をいとわず、身延山にのぼって来た。佐渡の阿仏房は、八十七歳の老軀をもって、日蓮をたずねている。阿仏房は、その後も二度、身延にまいり、彼が死ぬと子息が遺骨をもって身延にいたり、これを葬った。富木・南条・四条などの武士も、一家をあげて日蓮に帰依し、しばしば身延を見舞っている。また日蓮は、門弟や信徒に対し、うむことなく消息を書き与えた。身延をおとずれる人がふえ、門弟や信者を合わせると、少ないときでも四十人、ときには百人を越すこともあった。三間四面の草庵では手狭になり、波木井氏の援助により、十間四面の本堂が建てられた。後の久遠寺《くおんじ》である。

日蓮が身延にはいった年の十月に、蒙古・高麗の連合軍が日本に押しよせた。文永の役である。こうして日蓮の他国侵逼難、すなわち外冦の予言が的中したが、弘安四年（一二八一）六月にも、ふたたび蒙古の来襲があった。弘安の役である。しかし、このとき日蓮の病勢は進んでいた。死を予期した日蓮は、波木井氏の愛馬に乗り、思い出多い身延をくだった。常陸（茨城県）の温泉にいくという名目であった。

安房のふるさとの様子が知りたく、一週間で使者が帰れるようにと考え、ひとまず武蔵（東京都）池上《いけがみ》宗長の家にはいった。池上氏は幕府の大番匠（大工職）であった。日蓮の病状は重くなった。波木井氏にあてた消息で、「たとひいづくにて死に候とも、九箇年のあひだ心安く法華経を読誦し奉り候山なれば、墓をば身延山に立てさせ給へ」と書いた。

十月八日に、日昭・日朗・日向・日興・日頂・日持の六人の弟子に後事を託した。そして同月十三日に、弟子たちとともに『法華経』を読誦しながら、入寂した。六十一歳であった。遺言に従い、弟子たちは遺骨を身延山に送り、廟所に納めた。また御影堂をつくり、日蓮の御影を安置した。

身延山久遠寺は、法然の大谷墓堂＝知恩院や、親鸞の大谷本廟＝本願寺と同じく、祖師を思慕する僧俗の帰依所となるが、このように祖師に対する信仰を軸として形成された浄土宗・浄土真宗・日蓮宗などのいわゆる鎌倉新仏教は、仏教の日本的な変革であったといえるであろう。そしていうまでもなく、鎌倉新仏教の対象として迎えられたのは、武士・農民などの中世社会の主役となった階層であった。

歴史と宗教

一　史観

中世以前に書かれたわが国の歴史書として、その代表的なものを挙げるならば、『日本書紀』以下の六国史、『古事記』『栄華物語』『大鏡』『平家物語』『愚管抄』『神皇正統記』『太平記』などが、その中に数えられるであろう。

『日本書紀』以下の六国史は、その内容体裁において、主として漢土の史書を模したものであり、その史観は、鑑誡的立場にあるといえる。さまざまな歴史事象も、それが後代の鑑となり誡めとなることにより、永く記録さるべき意味があるのである。すなわち歴史事件の羅列や年代記も、後世の道徳的政治的ないし人倫的教誡として、顧みられるところに、史書としての意義があるとせられる。『日本書紀』を見ても、その撰者が、善を善とし、悪を悪とし、その正邪曲直を率直に記録している態度は、直に了解できるものであり、そこに「百王の亀鏡」（『日本後紀』巻五）としての意味が、史書に見出されるのである。

しかし、善を善とし、悪を悪として記録するのは、その行為者自身ではありえない。すでに漢土の史書も、その成立年代からいえば、先の王朝が倒壊した後のことであり、必ずしもその王朝と時代を同じくする人が、正邪善悪を直筆しているのではない。また同一の王朝に仕える人が、その王朝の正邪曲直を率直に記述するのは、特殊な事情がない限り不可能なことであろう。だから史書を百代の亀鏡たらしめるためには、王朝を異にし、後代よりそれを批判する如き立場が必要とせられる。このことは、王朝交替の経験なき日本においても、『日本書紀』以下が、鑑誡的立場からして撰述せられてある限り、かかる態度に変りはない。各撰者は、過去の御代を回顧し、政治的道徳的ないし人倫的反省を通して、六国史を書いているのである。

王朝を同じくする人が、その王朝に対して忌憚なき批判をあえてすることは、それがいわゆる官撰の歴史書についてのみいわれるのであって、もし個人的立場において書かれた歴史書であれば、封建社会である限り、このことは妥当しない。がまた、個人的立場において、政治的道徳的批判をなし得るとすれば、少なくとも、時の王朝あるいは政府の内部にある人ではなくして、その当局者に対立した側に立つ人でなくてはならない。同時代の政治的諸問題に対して、大胆な立言を展開する『神皇正統記』は、まさにかかる個人的立場において、書かれたものである。しかし官撰の史書において、それが百王の亀鏡となるためには、王朝交替ないし世代の介在が必要とせられたり、あるいは時代を同じくする人にあっても、政治的立場を異にしなければならぬことは、何を語るのであろうか。おそらくここに Moral 一般の問題があるであろう。政治的立場を同じくし、あるいは情実によって結ばれる人にとって善であることも、しかし立場を異にする人にとっては、悪として非難せられる場合がある。歴史書が鑑誡の書であると考えられる場合、その書かれた歴史が鑑誡の意義を担うためには、なんらかの批判を受けなければならない。しかし批判は、その当事者自身にとっては、道理に契えるものでなかったであろう。われわれのいわんとするのは、歴史書をして、百王の亀鏡たらしめる立場において、真に超越的な道理が、すなわち政治的時代的制約を超え、直接神に結びつく道理が、思惟せられていたかという点である。もし百王の亀鏡たる歴史書が撰せられても、その立場が政治的情実的色彩を帯びているならば、根本的に神の意志に基づくものとはいえぬであろう。またかかる亀鏡が如何に多く撰せられても、それが使命とする鑑誡とは遥かに距たったものとなるのである。

右の点について、ある程度の自覚をもって書かれたものに『愚管抄』がある。『愚管抄』の筆者慈円は、関白兼実を兄にもち、また自身も数度、座主職に補せられた経歴の人であるが、そこに展開せられた史観は、「一切の法は、ただ道理といふ二文字がもつなり」とせられる如く、「道理」を基調とするものであった。もっとも『愚管抄』の史観、なかんずくその道理に対しては、従来から種々な批評が加えられている。たとえば、慈円によれば歴史は道理によって形成せられるのであるが、これについて『愚管抄』の道理なる言葉は、慈円が自己の属する貴族階級を維持するために、勝手に作為したものであるとか、あるいは、慈円が余りに多く道理なる言葉を用いているのは、結局、慈円自身の概念的不統一を示すものである、となす如きである。しかし慈円は必ずしも道理という固定化した観念を以って、歴史を理解せんとしたのではない。道理は歴史と共に変化するものであった。しかしまた、道理は常に歴史を超え、歴史を支配するものでもあった。しかも道理は歴史を支える神の言葉として、慈円によって聞かれたものであったのである。

『愚管抄』は、道理を通して回顧せられた日本の歴史書であると共に、また日本の歴史を支配する神を見出し、その神の言葉を記述した書物である。もとよりその神は、一宗一派、あるいは一教に属する特殊な神ではない。慈円は、春日大明神や天照大御神、ないし観音などの冥衆を総称して神という言葉を使用しているが、その根柢には、かかる特殊な仏神の背後にあり、そしてかかる特殊な仏神を仏神たらしめているところの、根源的一者としての神が思想せられてあることは否定できない。もっとも『愚管抄』の史観は、藤原氏の政治的立場を離れえず、それがまた、『愚管抄』の限界をなしていることは周知の事実であるが、それにしても歴史を見詰め、その背後に神の御計らいを発見した慈円の功績は、没却せられてはならない。「世界歴史は神の審判である」という言葉は、必ずしも『愚管抄』の史観に妥当するものではないが、義と不義、正邪善悪のさらに根底にある神が、歴史を動かし、世を導くものとして語られている。しかもその神が、礼拝の対象として祭壇に安置せられた偶像ではなく、不断に歴史を創造し、かつ歴史の創造に対して、積極的に人々を参与せしめるところの、生ける神であったことは、『愚管抄』が単なる過去への回想に終始せず、やがて新しい世界の誕生に、最後の努力と期待とを懸けていることによっても知られるであろう。歴史の基底において神の声を聴くものは、その神により実践的たらしめられざるをえない。『愚管抄』はこのことを示している。

歴史の背後に、それを支配する超越者としての神をみる『愚管抄』と、同一の立場にあるものに『太平記』がある。『太平記』は、吉野朝時代を中心とする約五十年間の歴史を物語るのであるが、その史観は明らかに、「因果の道理」に随っている。善には善の、悪には悪の報いがある。人間は自己の業（行為）に酬われて、次の業を決定せしめられる。「盛者必衰の理」によって滅亡した平家の一族も、しかし『太平記』によれば、「因果の道理」のしからしめるところであるとせられなければならない。だから『太平記』においては、もはや無常を恐れる必要はない。恐れなくてはならぬのは自己の業である。『平家物語』に劣らず、数多くの悲劇を語りながら、しかも『太平記』が、『平家物語』の如く無常に涙していないことは、留意せられなければならない。『平家物語』を支配したのは、「盛者必衰の理」であった。が、『太平記』を動かしているのは「因果の道理」なのである。

そこに、『平家物語』と『太平記』との著しい対比が見られなければならない。いずれも悲哀の現実に直面しているのであるが、しかし『平家物語』の視野に映じたのは、無常の世界であり、『太平記』の展望に入ったのは因果の世界であった。無常の世界は、生か死かという悲劇的なものであり、因果の世界は道義的な内実をもつものである。だから『平家物語』の悲劇は、恩愛の道に極まるのであり、『太平記』には、善を善とし、悪を悪とする道義的精神が主流をなしている。この二つの物語においてみられた世界が、人間的生を主題とし、あるいは道義的人倫的な活動を主軸としたところに、自ら異なった性格を形成せしめたのである。

が、それにしても、われわれは『平家物語』と『太平記』とが、互いに異なった世界を望みながら、それを望む態度について、顕著な差異のあることを指摘せねばならない。すでに『平家物語』は、傷む心を以ってこの現実を迎えているのであるが、これは現実を見る立場そのものが、現実の内に置かれていることを示すのである。『平家物語』の作者は、自己が直面した現実と共に流され、現実と共に悲しんでいる。換言すれば現実の流れに流されているのである。しかるに『太平記』の作者は、もはや自己の立場を現実の内に置いているのではない。『太平記』の作者は、現実の外に立って、悲哀に包まれた現実を見ているのである。現実の流れは『太平記』の作者を押し流すものではなく、その流れと、これを見る『太平記』の作者との間には、一定の距離が置かれている。

『平家物語』の如く、現実と共に流されることによって、現実をみ得るのか、あるいは『太平記』のごとく、現実との間にある程度の距離を置くことによって、真に現実をみ得るかは容易に結論することができぬであろう。しかし『平家物語』の立場は、現実に対して内在的であり、『太平記』の立場は、現実に対して超越的である。そして内在的立場に立つ『平家物語』が「盛者必衰の理」に涙し、超越的立場に立つ『太平記』が、終始「因果の道理」に支配せられていることは、またわれわれの生活態度についても、多くの示唆を投げかけている。

しかしここに注目すべきものに、『栄華物語』がある。周知の如く『栄華物語』は「この殿の御前の栄華」(うたがひ」の巻)、すなわち道長の顕栄光華、および道長を頂点とする世の有様を語ったものであり、必ずしも正しい意味での歴史書であると称しえないことは、『平家物語』や『太平記』と同様である。しかしそこに展開せられた百五十年に及ぶ世の推移は、物語でありつつ、また史書であることを首肯せしめるに充分であろう。ところで表題が示す如く、多くの栄華を物語りながら、これを読む者の胸に訴えるのは、物語の底に漂う哀愁である。もとより花やかな光が登場人物の上に輝き、さまざまな悦びも溢れているのであるが、それにもかかわらず『栄華物語』の世界に湛えられてある哀愁は否定すべくもない。この点において『栄華物語』は、悲哀感を基調とする『平家物語』に通うところがある。

しからば『栄華物語』の哀愁は、何に基づくのであろうか。それは、人間の死という厳粛な事実によるのである。『栄華物語』は多くの人達の栄華を讃えた。が、その栄華と同じ数の死に直面しなければならない。必ずしも死を問題としたのではないが、しかしそれは不可避な課題であった。そこに、栄華を物語りながら、同時に哀愁を湛えざるをえなかった事由がある。

栄華そのものは、いわば人生における事柄である。死は、しかし、人生そのものに関係している。歴史と死、一見無関係に見える二つの命題が、『栄華物語』においては、根本的に問われているのである。われわれは『栄華物語』の哀愁を単なる感情の問題であるとすることができない。『栄華物語』を一貫するしめやかな哀愁こそ、人生を見つめ、歴史を諦める者の、当然直面せねばならぬ現実だからである。哀愁を湛えた『栄華物語』は、だから一面、苦悶の世界を象徴している。人はしばしば道長の法成寺建立を指して、有閑貴族の遊戯と見做すようである。が、そこに『栄華物語』が直面した哀愁と苦悶に対する、一つの救済が示されているのではなかろうか。

かくしてわれわれは、史観として、二つの立場のあることを領知せしめられる。一つは『六国史』や『愚管抄』『太平記』『神皇正統記』などの流れであり、これは倫理的道義的な立場に立つものである。他の一つは『古事記』『栄華物語』『平家物語』などの系統であり、宗教的生命的な立場に立つものである。前者の視野に映じたのは政治的社会であり、後者の視野に映じたのは、狭い意味での、人間の運命であった。

二　宗教

もしわれわれが宗教について語る場合、自己への省察なくして、神とか浄土とかの問題を論ずるならば、その態度は、宗教的であるとはいわれえぬであろう。またかくして語られた神や浄土は、一個の常識的立場を出でず、したがって宗教的生命にふれたものではない。宗教は何よりも、自己自身を問題とすることを前提とするのである。そしてその自己が、限りなく掘り下げられることによって神に遇い、浄土の光景に接しうるにしても、とにかく自己を通してのみ、宗教の領域に入ることができる。この点に関して、『今昔物語』に記載せられた源大夫の話は、多くの示唆を与えるであろう。

讃岐の住人、源大夫は、殺生盗賊を業とするものであったが、ある日、例の如く郎等四五人を引具して猟よりの帰途、仏経を供養する堂に立寄り、講師から「年来罪ヲ造リ積タル人ナリトモ、思ヒ返シテ一度阿弥陀仏ト申ツレバ、必ズ其人ヲ迎テ楽ク微妙《イミジ》キ国ニ、思ヒト思フ事叶フ身ト生レテ、遂ニハ仏トナム成ル」と聞かされ、ついに髻を切り、手にしていた弓胡録を金鼓に替え、「阿弥陀仏ヨヤオイオイ」と叩きながら、川を渡り山を越えて、西に向かって進んで行った。やがて海岸に出たが、そこにある二股の木に登り、しかもなお、金鼓を叩いて「阿弥陀仏ヨヤオイオイ」と喚び懸けている。源大夫はやがて、その木の上で死んでしまうが、見れば「口ヨリ微妙ノ鮮ナル蓮花一華生タリ」ということであった。

源大夫の話は、すでに芥川龍之介によって、『往生絵巻』なる表題で翻刻せられてあるのであるが、アナトール・フランスの『聖母と軽業師』も、これとそのモチーフを同じくするといえるであろう。

しかし「心極テ猛クシテ殺生ヲ以テ業ト」した源大夫が、蓮華に飾られて臨終を迎えることができ、また無学文盲な軽業師が、聖母の祝福を受けえたのは、何を意味するのであろうか。

おそらくわれわれの眼から見れば、死者の口に蓮花が生えたり、あるいは、まのあたり聖母を仰ぐという如きは、錯覚ないし幻想として、一笑に付せられるであろう。しかしこの種の神秘的な光景も、全く意味のないわけではない。が、たとえかかる神秘的色彩を除去しても、なお、除去しえぬものが残る。それは人間の誠実《シンサリティ》であり、真実である。源大夫は、罪深き自分をすら救いたまう如来のあるを信じ、その信受において終始した。すなわち「実ノ心」を発して、如来に直参したのである。このことは、アナトール・フランスの軽業師についても同様である。軽業師を支配したのは、如何にして神の御意に叶うかという誠実心だけであった。

右の話は、一つの問いをわれわれに投げ掛けている。それは、果してわれわれ自身に、真実心があるか否かということである。そしてこの問題をめぐって仏教においては、二つの立場が主張せられてきている。われわれ人間に、真実心ありとする聖道門と、かかる真実心は人間の側になく、ただ如来の側においてのみあるとする浄土門とである。源空・親鸞などの立場は浄土門であり、最澄・空海・道元などの立場は聖道門である。

聖道門・浄土門の意義を明らかにするに先立って、仏教の根本立場を顧みなければならない。釈尊の出家が語る如く、仏教は人生の苦悩を問題とする。そして現実の人生を苦と観じない如き態度は、仏教的ではない。すなわち仏教は厭世的である。もし直接現前の人生が、喜悦に満ちたものであるとすれば、釈尊も、また多くの偉大な祖師達も、現れなかったであろう。もとより、人生が苦であるとせられるとき、苦の内容は人により、異なるものがなくてはならない。死の苦しみ、罪の意識、恩愛の悩みなど、その苦悩は、それを荷負する人の業によって様々な相をとるであろう。が、それにしても、人生は苦であるとする点において、聖道門も浄土門も、同一の態度をとっている。

聖道門は、この場合、苦である人生から苦を排除し、あるいは撥無する力が自己にありとするに対し、浄土門的立場においては、この種の力を如来に求める。

聖道門・浄土門という言葉は、時には自力・他力の同義語として使用せられる。自己の真実心が内省せられ、その真実心を依拠として、自らを如来の位にまで高めるのが自力的立場であり、これに反し、自己に真実心なきことが内観せられたとき、その内観において、如来の願力を仰ぎ浄土に往生せんとするのが他力的立場である。「聖道の修行は、智慧をきわめて生死をはなれ、浄土門の修行は、愚痴にかへりて、極楽にむまる」のである（法然上人『和語燈録』）。

われわれは、聖道的・自力的立場の典型として、道元禅師（一二〇〇―一二五三）の思想を顧みなければならぬ。若き日の道元禅師をして、迷いの道に赴かしめたのは、衆生本来成仏であるにもかかわらず、何故に三世の諸仏は発心修行して、菩提を求めたか、ということであったと伝えられている。五年間の入宋は、しかし道元禅師に対し、「道」についての確信を与えた。その道とは「仏となるにいとやすき道」（『正法眼蔵』生死）である。道元禅師はかくして、釈尊成道の方法を自ら実践に移した。それは只管打坐の道である。釈尊によってなされた菩提樹下六年の修行は、主として只管打坐の方法であった。生死事大・無常迅速を叫ぶ道元禅師は、どこまでも仏祖の言語行履に随って行くのである。

自力的立場に立つのであるが、しかし只管打坐の一道は、単に自己が、自己の力によって成仏するとは、いい尽くせぬものがある。「仏法をならふといふは、自己をならふなり、自己をならふといふは、自己をわするるなり、自己をわするるといふは、万法に証せらるるなり」(『正法眼蔵』現成公案)という道元禅師の言葉は、究極において我を動かすものは、かえって我を超えたものであることを表明している。すなわちそこにおいては、我は無に帰し、万法が顕現するのである。「自己をはこびて万法を修証するを迷とす、万法すすみて自己を修証するはさとりなり」(前掲書)。主体と考えられている自己は撥無せられ、客体と考えられている万法が、かえって、主体として現成する世界である。道を証するのは自己であるが、しかし道が、われわれにおいて道自身を証するという大いなる転換がなされている。

聖道門的立場は、自己を如来にまで高めんとし、また自分自身において、かくすることが可能であると自覚するところに、成立するのである。しかるに、自力的立場に立つ道元禅師について見られる如く、只管打坐する自己が、ある瞬間において否定せられ、否定するものとしての万法(道)が現成するということは、何を語るのであろうか。根源的に我を動かすものは、我を超えた万法でなくてはならないが、我を超えたものの存在が自覚せられるということにおいて、もはやそれは、自力といわれる如きものでないことが知られるであろう。そして主体としての道が現成する場所は、我が無になるところであり、通常主体と考えられている我が、客体となること、すなわち撥無せられることによってのみ、第一義としての道が活動するのである。

宗教経験としての廻心は、右の如き主客の転換が、生命の内部において果遂せられることを、意味するようである。成仏を志向し、菩提を志願する自己が、しかし主体として考えられる限り成仏は不可能であり、菩提に到達することはできない。成仏も菩提も、こちらのものではなくして、あちらからのものである。すなわち、主体と考えられる自己は本来ないのであり、真にあるのはこの故に、まさしく主体としての仏であり菩提なのである。この仏や菩提が、自らを顕現せしめる場所としての、客体としての自己が自覚せられること、すなわち無我の立場に立つことが、廻心の実践的意義でなくてはならない。だから廻心は、自力的立場にあるものにおいても、また他力的立場にあるものにおいても、その有する意義は同一である。どこまでも自己における道の現成が、そしてこの自覚が、体験を通して導かれて来るところに、廻心が成就せられるのである。

自己において現成する第一義としての道は、もはや自己ではありえない。時には神と呼ばれ、仏あるいは万法といわれるが、とにかく自己を超えたものであり、われわれとは、本質的に次元を異にしているのである。そしてこの意味において、自力的立場に立つ道元いうまでもない。禅師といえども、言葉の示す如き自力的立場に終始したのではないことは、いうまでもないであろう。否、このことはひとり道元禅師に限らず、総じて宗教は、自己を超えたものによって支えられているとの自覚なくしては、成立しないのである。

宗教と道徳とが、その領域を異にするものであることは、宗教が修行を媒介とするのに反し、道徳が修養を内実とすることによっても理解せられるであろう。修行するものにとっては、修行する自己が問題となる。そしてその自己は、苦しみ、考え、煩悶する主体であり、畢竟かかる自己を嫌忌し、またかかる自己から離れんとするのである。救済や解脱が要請せられるのは、自己を、自己ならざるものにまで高めんとするからである。しかるに修養においては、身を修め、善を行なうことが求められるが、身を修め善を行なう自己は、顧みられない。修養するものにとっては、自己が身を修め善を行なうことは、極めて明白である。すなわち修行においては身を修め善を行なう可能性（機根）が反省せられたのであるが、修養においては、自己に対する否定的態度は現れず、また第一義における自己は、問題にならないのである。だから自己の人間存在が内省せられ、嫌忌憎悪の対象となる如き人にとっては、修養というものの生まれる余地がないと共に、行為の善悪が問題となる限り、自己を超えたもの——神仏あるいは道——を仰ぐことは不可能である。

右のことは、もとよりわれわれにとって、道徳ないし道義的精神の不要であるを意味しない。われわれが置かれている場所は、家庭にしても、社会にしても、国家・世界に到るまで、人と人との間柄の関係にあるのであり、人倫的秩序と、これが基調をなす道徳の必要なることは言をまたないであろう。ただわれわれのいわんとするのは、宗教は本来、かかる道徳的世界と全然別箇の領域をもつという点である。われわれの眼を外に向け、その眼に映じた諸相は、いわば人と人との関係と、それに纏わる葛藤である。しかるに世の有様に深き憤りをすら感ずる自己が、自己の内部に眼を転じたとき、ここに憤りを感ずる自己が直接、問題となる。すなわち眼を外に向けたとき、その視野に収まるのは道徳的世界であり、それは人倫的秩序に関係している。しかし眼を自己の内に向けたときその視界に映ずるのは、もはや我と人の関係ではなく、我と我との対決である。この我と我との対決が、我自らの力によって解明せられるか否かにより、仏教の伝統的な二つの立場、すなわち聖道門および浄土門として形成せられることはすでに述べたところである。

宗教はまた、政治とも異なっている。このことは「荘厳浄土」と「願生浄土」という仏教の二つの立場が明らかに物語っている。「荘厳浄土」とは、いうまでもなく浄土を荘厳することであり、すなわちこの現実界に浄土を建設し、ないしこの世を浄土たらしめんとすることである。これに反し「願生浄土」とは、この世に浄土を建設せんとする自己が内省せられ、その内省の極限において現実界が否定せられることにより、この世ならざるあの世を願生せんとすることである。荘厳浄土的立場は、現実界に対する肯定を前提としており、願生浄土的立場は、現実界に対する否定を前提としている。前者は、自己の眼を外部に注ぐことによって現実界を肯定し、その肯定の上に仏国土を建立せんとするものであり、後者は、自己の眼を自己の内部に転ずることによって、現実界を否定し、その否定を通して、この世の基礎を、この世ならざるあの世に求めんとするのである。

荘厳浄土的立場は、政治運動と著しい親近性をもつといえるであろう。しかしその故に、この立場は宗教的であるとはいわれえない。宗教への門は、すでに述べた如く、自己の眼を内に向け、自分一個の魂を問題とすることにより、始めて開かれるのである。宗教は、我と人との問題ではなく、我と我との問題である。いわば苦悩に逢著した人間一個の魂の問題である。その苦悩は、第三者よりすれば、あるいはつまらぬことであり、取るに足りぬ些細事であるにしても、人生の真実を求める人にとっては、常に第一義の問題である。政治家も自然科学者も実業家も、真剣に自己を問題とする限り、この第一義の問題から解放せられることは出来ない。自己を問題とした釈尊にあっては、栄耀栄華も、また王位すらも、その入山の決意を翻しえなかった。またこの問題の解決を見出だしたキリストにとっては、死そのものすらあえて辞するところではなかった。だから孔子も、「朝に道を聞かば、夕に死すとも可なり」と語るのである。

人生ははたして喜劇であろうか、悲劇であろうか。しばしば論議せられて来たこの問題も、常に新たな意味をもってその解決をわれわれに迫るであろう。しかも人間の歴史には、この問題と対決せしめられた魂の、真実の答えが語られてあるのではなかろうか。偉大な文芸作品にして、この種の問題に触れざるはなく、また偉大な精神文化は、常にこの種の問題との対決よりして現れて来ている。

大胆な現実肯定、現世讃美の主張者が登場した。万葉の歌人の中にも、近くは西鶴が描く浮世の世界にも、悦びと満足を与える地盤としての現実が、明るい色彩を以って語り出されているが、もし臨終に際し、自己の半生を顧みて、人生は喜劇であったといいうるものがあるであろうか。無常に悲傷する『栄華物語』や『平家物語』の世界を想うまでもなく、人生の奥底は物悲しいものではなかろうか。たとえ当人自身にかかる自覚がないにしても、死を免れえぬ人間は、同時に悲哀を脱しえぬであろう。

なんらかの救いがなくてはならない。あるいは、かかる世界を超越するなんらかの方法がなくてはならない。かくして人々は神を求め、また自らを神たらしめるべく努力する。そこには空しい努力も続けられたであろうし、かえって神から遠ざかる如き道も辿られたであろう。しかし永遠を欲し、無限を求める人々の願望こそ、歴史の基底において聞かれる全人類の声と思われる。この全人類の声なき声を顧慮せずしては、ついにわれわれは人類の歴史を、また人生の意義を理解することができぬのである。

人生は悲劇か喜劇かの問題は、ひとりわれわれの課題であるのみならず、生きとし生けるものに対して問われている根本命題である。しかもその答えは明瞭である。しかし、それにしても人生は単に一場の悲劇に過ぎないのであろうか。

与えられた人生はたしかに悲劇の名に値する。しかしその悲劇をして意義あらしめるものこそ救いであり、解脱への道、すなわちわれわれにとって第一義の問題である。われわれは悲劇をして意義あらしめるものが、この人生の内にないことを識らなければならない。人生を意義あらしめるのは、人生を超えたものなのである。人間的なものを超え、人生を越えたもの―時には法と呼ばれ、道といわれ、神・如来と称せられる―第一義が、悲劇としての人生に、新たな生命と意義とを与えるのである。その限り、自己や人生そのものは、第一義ではありえない。すなわち第一義の道においては、自己や人生は否定せしめられる。自己や人生などの人間的なものが、その根柢より否定せしめられるところに、換言すれば、第一義が人間的なものの内に顕現するところに、宗教の世界が内観せられるのである。そしてこの時、悲劇か喜劇かを問われた人生は、全く異なった相を以ってわれわれの前に展開せられるであろう。

宗教の門に入るためには、だから与えられた人生が悲劇であるか、喜劇であるかの問題を、自ら解明しなければならない。ある時は自己に躓き、果てしなき嘆きの道を彷徨うこともあるであろう。外部に向かって開かれていた眼が、自己の内部に転ぜられたとき、智あるものも智なきものも、富めるものも貧しいものも、地位あるものも地位なきものも、すべて「迷える羊」となり、持てるもの一切が、苦悩に迫られた自己に対して、全く無力であることが頷かれる。しかも、この状態よりの離脱は、「修養」によって果たされうる如き性質のものではない。ここに必要なのは、態度の転換である。自己の苦悩が、もはや自己の力によって、如何ともなしえぬことに対する直視と、その直視に基づく自己ならざるものの謙虚な認識、すなわち、自己否定と自己否定による第一義の現成である。多くの宗教者は、この種の転換を、廻心として体現している。廻心は、しかし心理的な態度の転換ではなくして、自己ならざるものより行なわしめられる態度の転換であり、この故に論理的なものである。廻心を体験した人は、もはや何人に対しても、わが態度の変更を許さない。法然や日蓮などが死刑に処せられることがあっても、あえて態度を変えようとしなかったのは、それが、自己の意志に基づく態度の転換ではなくして、自己ならざるものの力による態度の転換、すなわち第一義の現成だったからである。

三　宗教の歴史

他力的立場に立つ念仏者は、称名を専らにする故に、自力的立場に立つ道元禅師から、「口声をひまなくせる春の田の蛙の昼夜に鳴くが如く、ついに又益なし」（『正法眼蔵』弁道話）と評せられている。また、「ただ舌をうごかし声をあぐるを仏事功徳とおもへるいとはかなし」（前掲書）ともいわれるのであるが、しかし法然上人によって唱導せられた浄土門は、はたして道元禅師の批判を受けるに値しているのであろうか。

このことを明らかにするために、まずわれわれは、わが国における浄土思想の史的概観を試みなければならない。すでに舒明天皇の御代に、宮中で『無量寿経』を講ぜしめられたことがあり、また、『観無量寿経』を図絵した「当麻曼荼羅」が作られたのは、奈良朝時代であったとせられている如く、浄土系思想の受容は、わが国の仏教移植史においても、比較的早い時期を占め、したがってその信仰も、徐々ではあるが、多くの場合、魂の底に触れて行ったようである。そして平安朝時代になり、比叡山においては『法華経』に基づく念仏が、かの常行三昧堂を中心として、次第に宗教的感化を及ぼしてくる。少なくとも法然上人以前の阿弥陀仏信仰、西方浄土思想は、天台の教学を背景にもつものであった。

いうまでもなく阿弥陀仏信仰は、『無量寿経』『観無量寿経』あるいは『阿弥陀経』に説かれてある如く、西方の極楽浄土に往生することを願うのであり、その往生は、いわば、死後の世界に関連して理解せられているのである。そしてこの場合、西方の極楽浄土に往生するという志願に、ある種の安逸を望む気持の作用していることも拒みえぬであろう。とにかく極楽は西方十万億土を距たる世界ではあるが、楽の極まる世界であり、その楽も、たとえば聖衆来迎や蓮華初開、あるいは快楽無退といわれる如く、感覚的色彩を帯びるものであった。数多の経論より、特に西方浄土関係の記事を撰集した恵心僧都の『往生要集』には、地獄の苦悶に対比せられた極楽の愉悦が、極めて鮮かに描写せられてある。

しからば、かかる浄土に往生するには、如何なる方法を以ってすれば可能なのであろうか。そこには造仏建堂の如く、丈六の阿弥陀如来を造顕し、あるいはその如来を安置する御堂を建立する場合もあり、また写経や供養礼拝の如く、さまざまの経典を書写したり、仏前に花を供養して礼拝することも見られる。中には自己の手の皮を剝いで、そこに如来の尊像を図絵することや、あるいは終生、西方に背を向けない人の例もあった。もとより念仏が往生極楽の業とせられていることは当然である。念仏の数が一日に三万遍、六万遍、あるいは十三万遍という如く、日課として策励した人もあり、また、小豆を以って念仏の数を計算し、それが五十七斛三斗にまで達したという場合もみられるのである（『拾遺往生伝』巻中）。

右の諸例は、しかし西方浄土の行業として相応しい部類に属するが、「真言」や「不動尊」「唯識論」などによって西方浄土を願求した例もあるのである。そして、以上のことからしてわれわれのいい得るは、西方往生の行業（法）が、種々雑多であることである。「念仏」のみに依憑するのが不安だからであろうか、とにかく多くの場合、『法華経』との兼行がみられ、あるいは他の行法との兼修が普通になっている。そこには自己の往生を果遂せしめるものとしての行法に対する自覚的な反省がない。彼等の志願がただ一つのこと——すなわち往生極楽——に懸けられているにもかかわらず、かくの如くさまざまな行法が混淆し、否、かかる混淆において往生極楽が志願せられたところに、法然以前における西方浄土思想の類型が示される。そして畢竟これは、往生極楽を可能ならしめるものが、彼ら自身の「所修善根」であったことに外ならぬのである。

造仏、建堂、写経供養、礼拝などは、いずれも往生を果遂せしめる行法である。すなわち善根である。彼らはかかる善根を修すことができ、また修すことができる故に、往生極楽もこの善根を通して願われるのである。しかもこの種の善根に対しては、内面的質的な省察がなされない反面、外面的量的には、小豆を用いて自己の念仏を計量し、あるいは「多年積功」といわれる如く、その数量の多きが望まれ、そこに時間が作用し、かくして所修善根は、日常生活から遊離した特殊な行事になるのである。

西方浄土を願生する行者は、その臨終に際し、自己の手にする五色の糸の一端を、阿弥陀如来の御手に結びつけるのが常であった。この場合、五色の糸は、この世とあの世、此岸と彼岸とを連続せしめるものと考えられている。木や金銅を以って造顕せられた阿弥陀如来は、しかし、単なる木仏金仏ではなくして、まさしく一個の人間を、この世からあの世に引導するところの、現在仏であったのである。かれらにとっては、阿弥陀如来は、まのあたり仰ぎ瞻る木仏金仏の外になく、また木仏金仏そのものが、往生を可能ならしめる如来と考えられている。

それと共に、阿弥陀如来の西方浄土は、七宝によって荘厳せられた感覚的視覚的世界として、かれらに映じていた。それは金殿玉楼が立ちならび、珊瑚や瑪瑙を以って厳飾せられた微妙の世界である。阿弥陀如来はかかる浄土を背景として、彼等の眼前に来迎せられるのである。そしてこの点を考慮するとき、始めて「迎講」や「聖衆来迎図」の制作ないし阿弥陀堂の建立が理解せられるであろう。

すでに述べた如く、法然上人以前の西方浄土願生者の最大の関心は、臨終と、臨終における聖衆来迎に懸けられていた。『日本往生極楽記』以下の数々の往生伝を繙くならば、往生は、ただ臨終にのみ集約せられ、臨終はまた、来迎にのみ結びついていることが窺われるのであるが、かくして待たれる来迎が、彼等の全生涯の関心事である以上、やがて日常生活と遊離した来迎が、追求せられることになるのも当然であった。

しかし、いずれにしても聖衆の来迎は経典の保証するところであり、多くの行者は、来迎の法悦に包まれて往生を遂げている。修した善根の多きものほど、聖衆来迎は確実とせられなくてはならない。いかに熱心に、かれらは聖衆の来迎を待ち望んだことであろう。それは実にかれらの一生涯を通じての、また、すべての努力の結集として、不断に、かつ執拗に追求せられるものであった。

が、かれらの追求が執拗であればあるだけ、聖衆の来迎が福音として、常にかれらを訪れるとは限られなかった。太宰府安楽寺の学頭頼暹は、毎月十五日には欠かさず「往生講」を営み、自作の「帰命頂礼阿弥陀尊、引接必垂給培」という歌曲を管絃に合わせて歌っては、後世を祈っていたが、しかし、その臨終には期待していた如き天の音楽も聞こえず、また奇異な薫香もなく、悲しみのうちに入寂しなければならなかった。しかるに同じく安楽寺の住僧順源は、わが娘を妻とする如き人であるにもかかわらず、臨終に及んで、年来の約言どおり毘沙門天が現れ、その導きにより、歓喜の中に入滅していったのである

（『拾遺往生伝』巻下）。

聖衆の来迎は、たしかにあるのである。それは如来の約束である。しかし、必ずしもすべての行者に恵まれるものではない。『往生要集』の撰者恵心僧都ですら、その命終において容顔端正な少年僧を美々しく装束し、三人五人と病臥している室に出入せしめ、あるいは左右に端坐せしめるなど、ほとんど狂言に近い有様であったといわれている。周知の如く恵心僧都は、往生浄土の行業として念仏と共に観相を主張し、また自らこれを実践した人であり、この場合、美々しく着飾った少年僧を縁として、聖衆来迎の幻想を把握せんとしたとも考えられるが、一面よりすれば、聖衆来迎を求める意欲は、異常な興奮を伴い、人間の聖衆をすら求めざるを得なかったことを語っている。これはまた、現にある聖衆来迎が、かつてあった聖衆来迎となり、その故に次第にあり難くなって来たことを意味するであろう。そして、あり難くなった聖衆来迎を、現にあらしめようとする努力が、「迎講」の興行や、「来迎図」の流行を促して来るのである。

「迎講」は前述の太宰府安楽寺頼暹が営んだ如く、「往生講」「阿弥陀講」とも呼ばれるものであり、浄土の聖衆に扮した人々により、儀式的に来迎を実現せんとするものであるが、特に雲居寺の迎講は印象的であったらしく、書博士安部俊清は臨終に及び、雲居寺の迎講の如き天楽を、いま現に聞いていると告白している程である（『後拾遺往生伝』巻中）。

迎講は、極楽の聖衆来迎をこの世において象徴するのであるが、また、恵心僧都の創始にかかるといわれる「聖衆来迎図」は、絵図を通して聖衆来迎を象徴したものである。

来迎図についてはすでに指摘せられている如く、その様式において興味ある史的展開が示されている。すなわち、来迎図の原型と考えられる当麻寺の浄土変相図は、七宝荘厳の極楽浄土と、その浄土に坐す阿弥陀如来や聖衆を描いてあるのであるが、その図の中で、念仏の行者が、蓮華の台に化生している姿があるにしても、その行者は、現世の、現に来迎を求める行者の心とは殆んど無関係であった。往生極楽を志願する者の関心は、当麻曼荼羅においては未だ重要な地位を与えられていない。ところが高野山所蔵の二十五菩薩来迎図は、明らかにこの世の行者の心に応えて、雲に乗った聖衆が、この世に来迎せられつつある動きが描かれている。それがたとえば知恩院蔵の迅雲来迎図の如きに到り、立てる聖衆が風を衝いて山嶺より降下し、念仏の行者を迎えんとせられる有様を描写してあり、来迎するものと来迎せられるものとの緊張した瞬間が見られる。さらに阿弥陀如来に引接せられた行者が、聖衆に囲まれて西方浄土を指して帰りゆく「還《かえり》来迎図」もあるが、かかる来迎図が製作せられた背景としては、もはやあり難くなった聖衆来迎を、あらしめんとする願望の作用していることがみられなければならない。なぜならば、もし聖衆来迎が現にあるのであれば、特に聖衆来迎図を製作する必要はなかったであろう。しかし聖衆来迎が全く根拠なきものであるならば、この種の聖衆来迎図は製作せられなかったからである。はたして聖衆来迎図は、鎌倉時代以降において本来の生命を喪失することになるのである。

来迎図の流布と時を同じくして、阿弥陀堂の建立が盛んに行なわれている。いうまでもなくこれは、西方十万億土を隔てる極楽を、この世に移し、また堂内に九躰の尊容を安置して、想いを西方に馳す縁とするにある。とにかく極楽浄土は、この眼によって視ることができ、阿弥陀如来や聖衆も身近に感ずることができるのである。そこには、造仏建堂の功徳を積むことよりも、極楽浄土を眼前に求める欲求が強く支配している。距離的に遠い西方極楽も、かくして現世に延長せられるのである。だから阿弥陀堂は単なる堂ではなくして、鳧鴈鴛鴦の囀り、青色青光、白色白光の世界の現成であり、彼等の幻想を実現にまで導くものであった。しかも、かかる阿弥陀堂において最後に願われるのは、やはり光雲と薫香に飾られた聖衆の来迎に外ならなかった。

当時において入水往生・焼身往生の徒のあったことも顧みられなければならない。衆僧の誦する伽陀や、あるいは奏楽に包まれて海中に身を投じたものや、また、衆人の高声念仏に和し、西に向って合掌しつつ火中に死んだものは、単に「入水」や「焼身」に憧れたのではない。かれらをして、かかる異様な往生をあえてせしめたのも、畢竟、極楽浄土への強き関心であった。かれらは極楽浄土と、その極楽浄土へかれらを導く聖衆が待ち切れなかったのである。しかも極楽浄土がやはり感覚的対境としての世界であり、聖衆来迎が、神秘的幻想的雰囲気に包まれていたことに変りない。それは一面、極楽浄土の現世への延長であるにもかかわらず、一面、現世の延長としての極楽浄土であったのである。極楽浄土は現世的なものの投射であり、また、現世を極楽浄土の反映たらしめずには置かないのである。ここにないのは、この世とあの世との断絶である。聖衆の来迎が、かかる断絶においてのみ、内観せらるべきであるのであるが、しかし法然上人以前の往生者は、この世とあの世との直接的な連続において極楽浄土を見、聖衆の来迎を待っていたのである。だから入水や焼身による往生者は、光雲と異香のうちに往生し、また多くの人々は光雲と異香に包まれた往生人に随喜し結縁するのが常であった。

　しかし、この種の異相往生者も、やがて奇蹟を喪失しなければならない。『宇治拾遺物語』に描かれる入水往生者の一人は、衆人環視の中で桂川に身を投げたが、危く死に損ね、引き上げてくれた男に手を摺り合わせて、「広大の御恩蒙りさぶらひぬ、この御恩は極楽にて申し候はん」と語っているが、瑞相を失くした往生人と共に、かかる話を、率直に、ないし諧謔的に語る世界そのものを、端的に表明している。

　往生極楽が、自己の所修善根、すなわち、読経、念仏、礼拝供養などによって可能であるとせられる限り、他力の入り来る余地はない。往生は自己の所修善根によって果遂せられ、また自己は、かかる善根を修すに値するのである。が、ここに欠けているのは、自己への反省、人間性への省察である。果してわれわれにおいて、往生を可能ならしめる如き善根を修することができるのであろうか。否、われわれ自身の内部に、善の根源があるのであろうか。—この種の疑問は、自ら一片の善根をも修しえぬ人によってのみ、問われるであろう。そしてかかる人によって、他力の本義が明らかにせられなければならない。いわゆる「悪人」や「罪人」は、かくの如き人である。『後拾遺往生伝』によれば、左衛門尉藤原忠宗は、「一生ノ間、全ク一善ノ心神ナク、邪見ノ上ニ弥々邪悪ノ言ヲ吐」いていたが、しかし臨終におよんでたちまち正念を催し、涙を流して前非を悔い、一心に念仏して終った。そして見聞の人は、彼の往生極楽を信じて疑わなかった。また、「年来ノ間、盗殺ヲ業ト為」し、その罪科により片足を切られた奴袴《さしぬき》君は、やがて宿世の業を慙愧し、九品の浄土を慕って念仏したが、世を去るにあたり、隣人に語ったのは、「一心信受」という言葉であった。藤原忠宗の一心念仏といい、あるいは奴袴君の一心信受という言葉には、たとえば小豆をもって念仏の数を量り、善根の多きを励むという如き考えは、入っていない。いな、むしろ、かかる量的な念仏に対する反省をすら意味しているといわれるであろう。なぜなら、藤原忠宗は、一生を悪の実現に費したのであり、いわゆる善根なるものは、少しも準備せられていないからである。しかもかくの如き悪人が、一生を善根の薫修に捧げた行者と同じく、往生極楽をしているならば、往生極楽は、もはや所修善根の数量とは無関係なはずである。また奴袴君の一心信受にしても、そこには従来から考えられてきたところの善根の多くを望む態度とは、その本質を異にした道が辿《たど》られている。往生極楽を果遂せしめるのは、量の多寡によって計量せられるべき善根ではなくして、量の多寡とは全く異質的な、いわば内面的なものであることが明らかにせられている。しかも、この場合の往生極楽は、かの神秘的幻想的な聖衆の来迎ではありえなくなっている。視覚的形相的な浄土も、「悪」に迫られたこれらの人々には考えられていない。往生極楽は、何よりも悪からの救いでなくてはならない。すなわち、超越的に考えられていた来迎は、むしろ内在的な救済となっているのである。

これは、たしかに、往生思想についての転換である。現世の延長として把握せられる極楽ではなく、また極楽を現世にまで持ち来たすことでもない。この世とあの世との間には踰えることのできぬ深溝がある。わが悪業の生涯を顧みたとき、はたしてそのままで、聖衆の来迎に与かると考えられるであろうか。しかも、この人間性の省察こそ、彼らを真に宗教的世界へ向かわしめたのである。一心念仏は、もはや仏前における特殊な行事であることはできない。それは魂の救済に結びつく根源的生命である。この根源的生命を離れて、総じて人生は何の意義をもつのであろうか。

しかも人間性への反省のあるところには、自ら衆生性が現れてくるであろう。善根を修すのは自分一人のためではない。すでに善根を修しえぬことの反省は、悪業に悩む周囲を無視することを許さないのである。悪業が自己一個人のものではなく、他の人々をも捉えてある限り、衆生と共にという願いの生まれるのは、自然でなければならない。ひとり小豆によって念仏の数を量り、わが後世の善根たらしめるのは、如来の御意に契うことであろうか。往生極楽の祈りは、自己の祈りであると共に、他の人々のための祈りではなくてはならぬであろう。かくして西方の極楽浄土は、善人をも悪人をも共に迎えとる慈悲の世界として、われわれの前に顕現するのである。

かかる慈悲の世界への往生は、多年の善根によるのではなく、場合によっては、一声の念仏によって果遂せしめられる。すなわち倫理的な善行は、宗教的な行業に替わられなくてはならない。むしろ宗教的な行業からすれば、倫理的な善行は、生か死かの問題に対しては、ほとんど無価値であるともみられるのである。何故なれば、超越的幻想的な聖衆来迎は、あるいは倫理的な善行によって望まれうるにしても、しかし内在的精神的な救済は、ただ宗教的行業によることなくしては与えられないからである。かくして如来の慈悲は単に臨終のためのものでなくして、臨終平常を貫く全生涯に潤うのである。

慈悲の世界が右の如く領受せられるためには、何よりも人間性の反省と、その反省に基づく罪業の自覚を必要とした。「罪人」や「悪人」によって、初めて如来の慈悲が受けとられたのは偶然でない。自己の所修善根によって、往生極楽ができると信ぜられる限り、しかし如来の救い—慈悲—が流れ出ることは不可能である。もはや如何なる善行をもなし得ざる自己が見つめられたとき、その自己への絶望の端的において、如来の光明が照り渡るのである。宗教の世界は道徳的倫理的な闘いに敗れたものが、その敗れた体験を媒介としてのみ、望みえられるのである。自己に絶望したもののみが、窄き門に入ることが許される。藤原忠宗や奴袴君は、また自己に敗れ、嘆きの道を歩んだ人達であった。

上来述べ来たった如き思想史的背景において、新たに登場して来るのが法然である。伝えられるところによれば、若き法然は魂の依止を求めて南都北嶺に多くの先達を尋ねたが、いずれも救いの道を示してもらうことができず、また、成仏のための実践方法として提示せられた戒・定・慧の三学にも、堪ええざる自己に絶望した。しかし善導和尚の『観経疏』を披き、その中の「一心ニ専ラ弥陀ノ名号ヲ念ジ、行住坐臥ニ時節ノ久近ヲ問ハズ、念々ニ捨テザルモノ是ヲ正定ノ業ト名附ク、彼ノ仏ノ願ニ順ズルガ故ニ」という一句に逢着して、初めて廻心を体験したのは安元元年（一一七五）、時に法然は四十三歳であった。この時の内的光景は、「感悦髄ニ徹リ、落涙千行」であったといわれている（『黒谷源空上人伝』）。

法然以前においても、往生極楽の道は開かれ、またそのための念仏も、ようやく一般化せんとしつつあった。そして法然によって明らかにせられた救いの道も、また、念仏による往生極楽を約束する以外の何ものでもない。この点よりすれば、法然の登場について、特にいうことはないように思われる。しかし、法然の唱えた往生極楽の道は、法然以前の人々によって信行せられていた如き、善根功徳としての念仏によって、可能となるべきものではなかった。「余の善根おほくば、たとひ念仏せずともたのむかたもあるべし、善根なければこそ、念仏を修して無上の功徳をえんとす」（『念仏往生義』）という法然の言葉は、このことを示している。しかも法然自身、「十悪の法然房、愚痴の法然房」（「常に仰せられける御詞」）と述懐せざるをえない程、自己の内なる悪に、苦悩せしめられていたのである。その悪は、道徳的行為における悪ではなくして、人間存在そのものより来るところの悪であった。そして、かかる悪よりの離脱が、もはや自己の力で果遂せしめられえぬことは、いうまでもない。それはあたかも、悪である自己が、善をなさんがために、空しい努力を重ねるのと同様である。かくして法然は、自己に絶望する外なかったのである。

しかし如来の本願は、実はかかる悪人のために兼ねて定められてあるのであった。四十三歳の法然は、善導和尚の『観経疏』を通して、このことを教えられた。そしてこれこそ念仏の大道にほかならない。法然ははじめて如来の慈悲に目覚めた。いな、目覚めしめられた。身心の脱落を体験した法然は、即刻、一向専修の念仏に帰したのである。しかしこの場合の念仏が、自己の善根功徳としての念仏と、同一でないことは指摘するまでもない。それはまさしく、本願他力の念仏である。自己の内に、一片の善もなきことを自覚したものが、その故に、如来の救済に与りうるのであり、その救済はまた、念仏することであったのである。だから法然にとっては、念仏は仏前の特殊な行事でもなければ、修養のためのものでもなかった。如来の慈悲は、念仏することにより、いよいよ深く頷かしめられるのである。

日本思想史における法然の役割は、まさに他力による救いの道を明らかにしたことに懸かっている。それ以前においても、阿弥陀如来への帰依や、救済の道が説かれていたのであるが、しかし、それらはいずれも自力を基調とするものであった。また、自力の行業によって、かれらは救われてゆくのであった。しかし自己と闘い、自己に敗れた法然により、大悲の願心が初めて明らかにせられたのは、日本思想史上、いな、世界における精神史上、極めて注目すべき事柄である。法然によって、一文不知のものも、悪業煩悩に苦しむものも、男も女も、総じて一切衆生の救いの道が開かれたのである。

法然によって示された新しき救いの道は、念仏することにより、西方浄土に往生せしめられることである。また法然は、しばしば臨終における来迎について深い関心を語っている。しかし浄土といい、聖衆来迎というも、あの『往生伝』の人々が待ち望んだごとき、視覚的幻想的な世界であったであろうか。もし法然の浄土や来迎についての考え方に、神秘的感覚的な色彩が払拭せられずにあるならば、やはりそこに、平安朝的な陰影の名残りがあるといわれなくてはならぬであろう。「ただの時によく〳〵申をきたる念仏によりて、臨終にかならず仏は来迎し給ふべし」（「大胡太郎実秀へつかはす御返事」）という法然の言葉を、親鸞の「真実信心の行人は摂取不捨の故に正定聚の位に住す。この故に臨終をまつことなし来迎をたのむことなし」（『末燈鈔』）とする言葉に対比するとき、右のことがおのずから明らかになるのであるが、しかし、だからといって法然によって示された極楽浄土が、この世の延長としての形相的視覚的なものであったとするのではない。法然が日本思想史において、はじめて他力の世界を開示したのは、換言すれば、絶対自己否定の大道が、法然によって開示せられたことを意味するのである。その命終に際し、弟子達が三尺の弥陀像を迎え、病床の右側に安置したとき、しかし法然は空を指して、「この仏の外に又仏まします、おがむやいなや」と語ったのは（『勅修御伝』第三十七巻）視覚的対象としての如来ではなくして、非存在としての如来が、すなわち慈悲に充ち溢れつつある世界を暗示しているのではなかろうか。来迎を期待しながら、しかし法然の日常生活は、あの平安朝の往生人の如く、来迎によってではなく、本願の念仏によって、限りなき生命が与えられていたのである。

日本思想史における法然の役割が重要であっただけに、その当時において、真に法然の念仏を理解する人は、意外に少なかったのではなかろうか。鎌倉在住の津戸三郎にあてた消息に、「専修念仏の人は世に有りがたき事にて候に、その一国（武蔵国）に三十余人まで候らんこそ、まめやかにあはれに候、京辺などの常に聞くならひ、かたはらをも見ならひ候ひぬべきところにて候だにも、おもひきりて専修念仏をする人は、ありがたき事にて候」（「津戸三郎へつかはす御返事」）という言葉がある。法然が在世中において配流に処せられ、滅後においても、なお墳墓をあばかれる如き法難に遭遇しなければならなかったところに、その時代的背景が窺われるであろう。しかし入滅の後、法然の偉大さが認められ、それに伴って法然に対する尊崇の念は次第に高まった。かつて法敵や政略家の圧迫下にあって、「われたとひ死刑にをこなはるるとも、この事（本願念仏の教法）いはずばあるべからず」（『勅修御伝』第三十三巻）と激越な言葉を吐いた法然は、同じ背景と心境において、「法然本地身大勢至菩薩」との確信を述べているが（前掲書第三十五巻）、多くの伝記によれば、これはあたかも如来の使者として、平和と祝福の裡にやって来た法然の言葉に解されている。そして悪戦苦闘の中にありながら、自己を導く者への仰信が、やがて法然をして、背後に光明を負わしめ、履む足下には、常に蓮花が置かれることになる。人間法然は一たび罪人にまで貶されたが、しかし死後に到り、如来にまで高められた。

とにかく法然により、日本において初めて他力的立場が見出だされた。それは自己否定の極限において、自己を超えた側からの力が働くことであり、自己を極限にまで拡大することによって、求められるべきではなかった。自力的立場と他力的立場とは、出発点を異にし、またその方向を異にしている。

親鸞は、師法然の他力的立場をさらに徹底せしめた。周知の如く親鸞にとっては、他力を仰ぐ我が信すらも、やはり如来より廻施せられたものであった。われわれが念仏することも、また如来の願心により念仏せしめられることにほかならない。そして、「善人ナヲモテ往生ヲトグ、イハンヤ悪人ヲヤ」という悪人正機の自覚、あるいは「本願ヲ信ゼンニハ他ノ善モ要ニアラズ、念仏ニマサルベキ善ナキユヘニ、悪ヲモオソルベカラズ、弥陀ノ本願ヲサマタグルホドノ悪ナキガユヘニ」という如き逆説を以って、自己の信念を吐露した（『歎異抄』）。

親鸞におくれること約五十年にして現れた一遍は、また新たな世界を顕示している。一遍によれば、われわれの現にあることそのことが、生死にほかならない。生死を離脱するには、だから、我を撥無せねばならぬ。この場合、念仏こそ、我をして、我ならざるものにせしむるのである。すなわち念仏により自力我執が消え失せ、生死なき本分本家に帰ることができるのである。しかし、いかにしてわれわれは念仏することが可能であろうか。我が念仏する限り、念仏する我―自力我執の迷情―は、どこまでも残るであろう。生死流転は、我がある限り超出しえない。しかし、我が念仏せしめられるとしても、念仏せしめられる我は依然として元のままである。すなわち、真に念仏することにはならない。自力我執の迷情は、念仏せしめられる我にも纒わるのである。かくして一遍は「念々の称名は念仏が念仏を申すなり」（『一遍上人語録』巻下）とするのである。

一遍の思想的立場には、浄土的他力的要素と共に、禅的自力的色彩の介入してあることはすでに指摘せられていることである。しかし、往生はわれわれがするのではなく、「ただ南無阿弥陀仏が往生するなり」（前掲書）とし、また、「念々の称名は念仏が念仏を申すなり」と語るとき、やはり一遍も、法然や親鸞と同一の伝統にあることを思わしめられる。何故ならば、念仏が念仏を申すことは、我が念仏することを離れてあるのではなく、我が念仏することは、同時に、我が念仏せしめられることにほかならぬからである。法然も親鸞も一遍も別々の人であるのではなくして、これらの人の背後にある「本願」そのものの異なった現れである。法然・親鸞・一遍などが明らかにしたのは「本願他力」であり、そして「本願他力」は、法然・親鸞・一遍などを媒介することにより、いよいよ一切衆生の道となった。

また法然や親鸞が、特に西方浄土をこそ、悪人のために構えられたものであることを高調しながら、いな、むしろそのゆえに、あたかも臨終と平常との区別がなかった如く、いずこにも、またいつでも、浄土が内観せられていたことは、一遍が、「従是西方過十万億仏土」という経文を釈して、「十万億の里数を過ぐるにはあらず、衆生の妄執のへだてをさすなり」（前掲書）と語る立場と、同一であることを指摘せざるをえぬのである。

かくみるとき、日本における浄土系思想の史的展開は、自力による善根功徳を修した『往生伝』の人々や、本願他力を顕らかにした法然、あるいは親鸞、一遍、その他、名もなき念仏者を含めたところの、念仏者の歴史であるとともに、根源的には、念仏そのものの自己展開であることを思わしめられるのである。かくいうことは、しかし、あまりに観念的であるとの批判を免れ得ぬであろうか。が、巨大な歴史の足跡を顧みるとき、有限なわれわれの生を意義あらしめるのは、やはり人間ならざるものの働きと、それに対するわれわれの随順にあるようである。われわれの人生も、畢竟、われわれを超えたものの働きに結びつけられることによって、栄光と意義とを与えられるのである。人間の歴史は、人間ならざるもの——無限なもの——の自己展開に触れることにより、神の世界に連続するのである。歴史は神の厳粛な審判である。が、むしろ歴史こそ神の救済であるのではなかろうか。人間のあらゆる努力も願望も、もし歴史自体としての神の救済に直面しないならば、はたして人生は如何なる意味をもつであろうか。しかし人間の歴史は、迷える人々が神を求めて流浪し、また神は、祝福をわかたんとして、多くの辛苦に遭遇しつつあることを無言のうちに物語っているのである。

四　歴史の宗教

考古学的研究の示すところによれば、わが国の歴史に人間が登場してきたのは、紀元前三世紀前後であるという。すなわち日本全国に捗り、今日までに発掘された約一万におよぶ縄文土器系統の遺蹟（新石器時代の文化）は、わが歴史の黎明を語っている。かれらは最初、漁獲狩猟に従事していたであろうが、やがて縄文土器に続く弥生式土器の時代、すなわち金石併用時代に到り、農耕を開始したようである。

かかる日本歴史の黎明を、思想史的視点より顧みるならば如何であろうか。『古事記』は八世紀初頭の撰述にかかるものであるが、しかし、ここに現れている古代人の世界観は、われわれに多くの示唆を投げかけている。

古代の世界は、神の代と呼ばれていた。神の代と人の代との接続点は、神武天皇の御代に置かれている。この考え方は、『古事記』とその編纂時期を同じくする『日本書紀』においても、踏襲せられるところであり、とにかく人皇の御代以前は、神の代であった。しからば神とは何であるか。わが古代の神は、たとえばキリスト教などの神とは全く異なった性格をもつものである。この点に関する本居宣長の解釈は、典型的なものであろう。本居宣長によれば、神とは、善悪、貴賤、強弱を問わず、「尋常ならず優れた徳のありて、可畏き物」の総称であり、この神の観念には、天地自然の神は勿論、人間、鳥獣木草までも含まれるのであった（『古事記伝』三の巻）。

ところで古代の神々を人格的なものと、自然的なものとに類別することは可能であろう。海の神綿津見《わたつみ》や山の神大山津見《おおやまつみ》、あるいは風の神志那都比古《しなつひこ》などは、自然神の類型に入れられるべきであり、須佐之男《すさのお》や、手力男《たぢからお》などは人格神の類型に入れらるるべきである。そして自然的なものと人格的なものとが、同一の神の名において呼ばれるところに、わが古代が、一面、神代とせられた理由があるのである。

新井白石が、「神とは人也、我国の俗、凡そ其の尊ぶ所の人を称して加美といふ」（『古史通』第一巻）と述べているのは、神代における神々の中で、人格神の範疇に入るべきものの本質を指摘したものである。神代に登場してくるものは、人格的なものも、すべて神と呼ばれるのであるが、その神から、異常なもの、偉大なもの、畏むべきものという属性を取り去ってみれば、それはもはや、神の名に値せぬのである。いな、神と呼ばれるにしても、その神は人間の延長であり、人間と同一の次元に立っている。しかも人と呼ばれずに、特に神とせられたのは、その背後に神代という神秘的世界が意識せられているからである。神代の神は、多くの場合、神代という特殊な世界にある故に神となりえたのであり、また神となりえたが故に、特殊な神代が構成せられているのである。

神代においては、「草木咸《ミナ》能ク言語《モノイ》」うことがあった（『日本書紀』巻第二）。また鰐や兎や鼠なども言葉をもっていた。悲しみの涙すらも、神になっている。しかし神代の観念自体が、歴史の過程を通して、徐々に展開し来たっていることは否定できない。比較的古い神代観念と、新しい神代観念とが相重なって、『古事記』の神代を構成しているのである。が、神々の世界を説き、神々の行状を語る『古事記』が、神話の範囲を出ることができず、それ自ら宗教の源泉となりえなかったのは何に基づくのであろうか。端的にいえば、神々の世界には、神はあったが、救済がなかったからである。

古代人が神であるのは、古代人自らが、自らを神としていたのか、あるいは神代を遥かな過去に追想した人達によって神とせられたのか、もしくはこの両者を含むことにおいて、神とせられたかは暫く触れないとしても、とにかく古代人の精神生活において顕著なのは、道徳的世界における悪の非存在性である。神代史を読む場合、われわれは「悪神」と「善神」の観念ないし善悪意識の稀薄に想倒せざるをえない。比較的悪神の如き役割を担う須佐之男すら、美女を得んがためには生命の危険をも顧みずして、八岐の大蛇を退治するのである。むしろそれは悪神ではなくして、人間的な神ですらある。だから美女を手に入れた須佐之男は、かの有名な「八雲起つ」という極めて浪漫の抒情を歌っている。

もっとも、「悪神」に近いものとして、特に本居宣長によって指摘せられたものに、禍《まが》津日《つび》なる神がある。禍津日は人に対し、いな、神代の神々にも不幸と汚垢とを齎すのであり、高御産巣日《たかみむすび》の如き偉大な神の力を以ってしても、如何ともしがたい場合がしばしばある。しからば古代の神々は、禍津日の暴威の前に全く無力なのであろうか。いな、この場合、禍津日の活動を封じ、あるいはその禍を除去する方法として、禊《みそぎ》や祓《はらい》が用意されている。そして禊や祓によって除去せられえぬ程の禍はないのである。禍津日の威力がいかに強くとも、禊・祓を否定することはできない。かくして古代人は、一切の禍からの解放を願って、断えず禊や祓を繰り返すのであった。

ここでいいうるのは、何が善であり、何が悪であるかという深刻な反省が、わが古代人を襲わなかったことである。もとより村落的農耕を営むかれらの間において、溝を埋め、畔を荒らすのは悪である。他人の田畑を奪うのもまた悪である。が、かかる悪は、人倫的社会的秩序の崩壊を導くところの道徳的悪であって、人間性そのものの自覚における悪ではない。それは、どこまでも自己と他人との間における悪であり、自己が自己に問うとき、あるいは自己が自己ならざるものにより問われたとき、遭遇する悪ではないのである。古代人は自ら神であった。自ら神である古代人はもとより祭る神をもたなかったのではない。が、かれらによって祭られる神は、やはり自己の延長において見出だされた神であった。たとえ山海草木や狐狸の如きものであるにしても、とにかくかれらは自らの言葉により、その神々と会話をすることができたのである。すなわちかれらは根源的に、自己を超えたものと対決しなかったのである。だから古代人においては、他人との間には、善と悪との葛藤はしばしばあったであろうが、自己の内部においては、この種の闘争は見られなかったのである。

　右のことはまた、古代人の世界観についてもいいうる。はたして古代人には、この世を超えた世界―この世ならざるあの世―が思想せられていたであろうか。高天原《たかまがはら》は神々の世界である。が高天原は、やはりこの世と同様に、山あり河あり、春になれば草木が萌え、農業牧畜が行なわれていた。それはあくまで、この世の延長において考えられている世界であって、この世から断絶した領域ではない。また死後の世界とせられる黄泉国も、現身のままにて、自由な往還が可能であった。だから時には、地理的に、出雲の一地方がこれに比定せられることも、起こりうるのである。根本的にこの世と次元を異にしたあの世は、古代人には考えることが出来なかった。

　古代人が、我ならざるもの、すなわち絶対者と対決しなかったのは、畢竟かれらが、主客未分の段階に住していたことを意味する。根源的に我ならざるものは、まだ姿を現していない。善と悪はあっても、それが自己自身に問われているのではない。いな、我ならざるものからの問としての、善と悪は意識せられていないのである。人間存在そのものについての自覚と反省は窺うことができない。

愛するイザナミを亡したイザナギは、その枕許に身を投げて慟哭した。死は常に悲哀を齎す。神としての古代人も、この悲しみから解放せられることができない。が、悲哀を伴った死は、おそらくかれらには驚異であったであろうが、そこから運命を感知しなかったのではなかろうか。死に直面しても、まだ彼らには絶対者は認められていない。死は悲哀を齎したが、苦悩を与えたのではなかった。

古代人は現実を肯定したのでもなければ否定したのでもない。かれらは肯定以前・否定以前の段階に置かれていたのである。善と悪との相剋も、またかれらには意識されない。直接現前のこの世界は、古代人にとっては対立と分裂を宿さぬのであった。

原初《はじめ》に苦悩があったのではなく、罪があったのでもない。しばしば古墳から発掘せられる人物埴輪の顔面が象徴する如く、内的分裂を識知せぬ素朴な魂――少年の心に通う神々――があった。だから救済もなければ、宣長のいう如く「道」もない。そして日本思想史は、まさにかくの如き主客未分の第一段階を出発点として展開してくるのである。

仏教が初めてわが国に移植せられたとき、しかし、この見慣れぬ「蕃神」崇拝の可否を繞って、二つの対立が表面化した。蘇我稲目を中心とする崇仏派の主張は、「西蕃ノ諸国、一ニミナ禮《イマヤ》フ、豊秋日本《トヨアキツヤマト》豈ニ独リ背カムヤ」ということであり、一方、物部尾輿を中心とする排仏派の主張は、「我ガ国家《ミカド》ノ天下ニ王《キミ》ト坐スハ、恒ニ天地社稷ノ百八十神ヲ以ッテ、春夏秋冬祭拝スルヲ事ト為ス、イマ改メテ蕃神ヲ拝ムコト、恐ラクハ国神ノ怒ヲ致サン」というにあった（『日本書紀』第十九）。仏を拝するのは、日本人としてではなく、一個の人間としてであること、したがって仏教の背後には世界性があることなどが、崇仏派の人達に意識せられていたことは拒みえない。しかるに排仏派の人達の考えは、わが国においてはすでに祭るべき神があり、その神は特に日本の国神である故に、ことさらに外国の神を拝する必要はないであろう、ということにあったようである。宗教の世界性と国家性の問題が、政治的葛藤も錯綜しているのであるが、すでに千四百年前の日本において論議せられたことは注目に値する。

当時の日本人に、どの程度の宗教的自覚があったかは、容易に論定することができない。しかし明らかなことは、排仏派の人たちにとっては、神は春夏秋冬の祭礼を通して、国家に繁栄を与えるものであり、しかも、それ以外の神は、もはや無用である、という点である。農耕を主業とする当時にあっては、その豊かな稔りを約束するのは、主として天神地祇の力であったのである。

かかる百八十神が、古代の神々、すなわち主客未分の第一段階の人々と、同一の次元にあるのではない。むしろ第一段階の人々すら、やはりこの種の五穀豊穣の神々には、四季を通じて真摯な祈りを捧げていたのである。しかし、この故に、排仏派の人達を動かしていた立場が、主客未分の段階に置かれていたことは否定できない。彼らの神は五穀の豊穣を保証するのであり、またそれ以外の神は、もはや神とも称しえないのである。すなわちわれわれの地上的欲求を満足せしめる神が定位せられ、地上的ならざる神は一瞥も与えられない。しかも地上的ならざる神は、その故に、地上的な欲求を否定する場合もあるのである。そして仏教の根本立場は、まさに地上的なものを超えるところにあるのである。

すでに述べたごとく、主客未分の第一段階に位する古代の人々は、苦悩を意識せぬ自然児であった。自己と、自己ならざるものとの対立は自覚せられていなかった。古代人は神である。が、あの万葉の歌人が、「うつせみの世」の常なきことを歎いたとき、もはやかれら自身が神であることができない。無限を欲するかれらの生が、ここでは常なきものとして反省せられている。死は絶対者として、神であった人々の前に登場したのである。

聖徳太子の有名な言葉、すなわち「世間虚仮唯仏是真」は、虚仮なるものと真実なるものとの対決を明らかにしたものである。何が虚仮であり、何が真実であるかが問われ、その解答が、世間と仏として示されている。そこには救済の道が顕示せられているのであるが、とにかく虚仮なるものと真実なるものとの問題が、人間自身に課せられていることは、主体と客体との分裂を物語っている。しかも真実なるものは、虚仮なるものの否定的媒介を契機とすることによってのみ、把握せられるべきものであった。

仏教が渡来したとき、多くの人々が、仏像の端麗な相貌に心惹かれたことは、拒みえぬであろう。しかし、すべての人が視覚的対象としての偶像を真の如来であると考えたのではない。如来は非存在である。非存在である故に、また真実ともいえるのである。もし現世利益的立場からして、仏教が勢力を拡大して行ったとするならば、しかし聖徳太子の精神は理解されぬであろう。常住真実の三宝は色相を超えたものであった。そしてかかる真実の法が求められるところに、かれらの置かれていた世界が、主客未分の第一段階ではなくして、主客分裂を基調とする第二段階であったことを語っている。もとよりすべての人が主客分裂の第二段階にあったのではなく、またかかる段階の人々によってのみ、仏教が受容せられたのでもない。ただわれわれのいわんとするのは、苦悩の意識なき魂が、我ならざるものに直面せしめられ、やがて自己分裂の過程において仏教が信受せられたことである。

渡来以降、仏教が如何なる精神的態度において信仰せられたかは、軽々しく結論することはできない。しかし当時の人々が、もはや五穀の豊穣を神に祈ることだけでは、満足しえなかったのは事実である。かれらは自然界の恩恵を齎す神と共に、他の神をもたなくてはならない。その神は無常なる生を常住ならしめ、虚仮なる世間に真実を与えるのである。われわれは仏教受容の背景として、かくの如き思想的地盤を考えざるをえない。

しかし、虚仮なるものと、その否定において仰がれる真実なるものが、必ずしも純粋な相において、展開して行ったのではないであろう。万葉の世界、たとえば、「今代《このよ》にし楽しくあらば来む生《よ》には虫に鳥にも吾はなりなむ」（巻三、三四八）にしても、また、「生者《いけるもの》遂にも死ぬるものにあれば今生《このよ》なる間は楽しくをあらな」（巻三、三四九）にしても、その人生態度は明らかに肯定的である。死そのものが運命的な絶対者として、彼らに臨んでいるのであるが、しかし、死と対決して真実なるものを求めようとする志向はみられない。「世の中は命数《かず》なきものか春花の散りの紛乱《まがひ》に死ぬべきおもへば」（巻十七、三九六三）という如き、生に対する悲哀があっても、その悲哀を見つめ、積極的に新しい道を求めんとする努力は窺われないのである。が、その反面、「我妹子に復も逢はむと千早振る神の社を禱《の》まぬ日はなし」（巻十一、二六六二）と歌われるところに、地上的な欲求と、その欲求に応える地上的な神が見られなければならない。

にもかかわらず絶対者は、依然としてかれらの前に立っている。現世を肯定し、さまざまな悦びを求め続けるにしても、またその悦びが与えられるにしても、とにかく見えざるものの力は、徐々にその支配をあらわにしてくる。一生を愛の巡礼に捧げた『伊勢物語』のまめ男も、月日の過ぎゆくのを歎かないわけにはゆかない。中世の貴族世界をその一身に象徴するごとき光源氏もまた、逃れえぬ宿業を背負って、その後半生は求道への旅を続けている。仏教的用語ではあるが、宿業という言葉がいかに平安朝の人々を支配していたかは、あらためて指摘するまでもないであろう。物語といい、日記といい、当時の精神生活を語る記録には、いずれも人生の現実に躓き、いまさらながら宿業の重さに堪えかねた心情がみられる。明らかにかれらは苦悩しているのである。

右の事柄を考慮するとき、われわれは初めて奈良・平安朝を通じてしばしば試みられた神宮寺建立の意味を了解しうるであろう。元来、神々の世界には苦悩がなかったのである。しかるに神宮寺建立に関する縁起は多くの場合、神々が現に輪廻の宿業に苦悩しつつあること、および、その宿業からの離脱を願望しつつあることを語っている。そして、かかる神々の願望に応えるものとして、仏教が選ばれ、苦悩そのものである神身を離脱せしめることに、神宮寺建立の目的が懸けられているのである。神宮寺の建立は、やがて神を苦悩から解放せしめて、「菩薩」にまで高め、ついに和光同塵という言葉が示す如く、仏と神とは一味であるとする思想にまで発展するのであるが、とにかく主客未分の第一段階にある神を、離脱せられるべき苦悩に関連せしめるところに、もはやその世界が、主客分裂の第二段階にあることを物語るものである。すなわち苦悩以前の神々を苦悩にまで導いたのは、かれらの直面した現実に外ならなかった。

われわれは奈良・平安時代の日本思想史における位置をかくのごとく解するのであるが、しかし、当時のすべての人が、主客の対立に喘いでいたと主張するのではない。『梁塵秘抄』の歌、たとえば、

聖をたてじはや
袈裟を掛けじはや
珠数を持たじはや
年の若きをり戯れせん。

というごときものには、むしろ主客未分の第一段階に通ずる心が宿されている。そして主客未分の段階は、やはりそれ以後の歴史的世界においても、根本的基調をなしていることを拒むものではないが、とにかく奈良・平安朝時代における歴史の主体は、もはや素朴な主客未分の段階―善悪の彼岸に立ち、苦悩以前の世界にあるのではなくして、明らかに主客の対立に逢着していることを語っている。そして、かくの如く主客の対立に逢着するものが、直接仏教の対象であると共に、仏教が志向するところもまた、主客の対立を超克す

るにあることは、やがて鎌倉時代に到って明瞭にせられるのである。

法然の浄土宗は、平安朝末期の動乱不安な社会的要望に応えて生まれ来たったとする解釈がたびたび試みられている。周知のように数百年の長きにわたって、政治的指導者の地位にあった藤原氏は、自らの有するさまざまな内部的葛藤を解決しえず、やがて院政を導き、ついに武家出身者によってその地位からの後退を余儀なくせられる、という結果になるのであるが、最初の武家宰相平清盛は、強力な軍事的警察的専制政治を展開したにもかかわらず、わずか二十年にして、一族海中に滅ぶという悲劇を現出し、『愚管抄』の著者をして、「コノ世ノカハリノ継目」と悲痛せしめるほどの転換期にあたっていた。この政治的変動は、もとより社会的機構全般の変動を意味するのであり、また『方丈記』の作者が経験した如き、幾多の「世の不思議」や「さるべきもののさとし」とさえ思われる悲惨事が相次いで生起して来る。一室に閉じ籠もって無常を観ずるのではなく、世そのものが「春の夜の夢」のごとく遽しい移りゆきを示す。かかる不安動揺の内から、その救済を志願する浄土宗が生まれて来たとするのも理由なきことではない。

しかし法然の浄土宗は、はたしてかくのごとき社会的環境との関連においてのみ、理解されるべきであろうか。なるほど、経典に説かれてある「末世」なる言葉は、なまなましい現実として意識せられてきた。六道輪廻はほかならぬ人間一個の、この世における苦悩の深さとして理解せられる。「釈迦仏の入滅せさせ給ひけむをりのこと、僧などの語るを聞くにも、なにもただ物のあはれの殊におぼえて、涙とどめがたくおぼゆるも、さほどのことはいつも聞きしかど、此頃きくはいたくしみぐ〱とおぼえて、物がなしく涙のとまらぬも……」とは、平家の滅亡とその悲哀とを、身を以って経験した建礼門院右京大夫の言葉であるが、とにかく人々は現実の意義を改めて問われ、真剣にその問題を考えなければならぬ時代であった。が、だからといって、法然の思想を、その歴史的背景との関連においてのみ考えてゆくことは正しいとは思われない。なぜなら法然の浄土宗は、かくの如き動乱不安な末世相を背景として生まれてきたものであるにしても、かくして生まれた浄土宗は、すなわち法然において明らかにせられた道は、歴史を超えたところの永遠な意義を担っているからである。いな、歴史を超え永遠なものを宿している故に、法然の浄土宗は、世の光ともなったのである。

これは、ひとり法然の場合にのみ限られたことではない。神の福音、如来の救済を示す宗教は、歴史を背景としつつも、歴史を超えたものなのである。道元によって顕示された只管打坐の道も、日蓮によって提唱された法華唱題の法も、やはり永遠の相を宿している。すなわち神と直接している。宗教が現実に即しつつ常に現実を超える方向を指し、そして再びこの現実に帰り来たるという関係を内に蔵しているのは、あらためて指摘するまでもないであろう。

現実に即しつつ現実を超えるという宗教の性格は、救済ないし解脱の問題に関連して来る。現実に即する限り、その現実は、われわれの置かれている直接現前の場所である。しかし現実を超えるのは、われわれの置かれている現実が、救済ないし解脱を自らにおいて欲するからである。換言すれば、なんらかの形において、現実は非現実の方向に向かわざるをえないのである。

現実が非現実の方向に向かうのは現実自体の意欲である。そして救済や解脱は、まさに非現実の方向、すなわち現実を超えた彼方において成就せしめられるであろう。自己否定は救済や解脱を現成せしめる唯一の方法である。念仏、禅、題目など、いずれも否定を媒介とする自己転換を志向することには変わりない。廻心は絶対自己否定が現成し来たった端的をいうのである。自己全体が、自己ならざるものの前において極限にまで縮少せられ、その縮少の底において一度び死し、死すことによって聞かれるところの、自己ならざるものよりする囁きかけに甦ることである。現実が現実を超えて非現実に向かい、その端的においてかえって非現実からの力によって現実に帰ってくるのが廻心である。

廻心の方向が、現実―非現実―現実という進路をとるのは、対立した主体と客体とが対立の方向において、やがて合一せしめられることを意味する。苦悩は自己が欲する如くならぬところにあるのではない。むしろ、自己の欲する如くならぬことが、絶対現実として内観せられるところにあるのである。それは人生における苦悩ではなくして、人生そのものの苦悩である。しかし、人生そのものが苦悩であることを直視するものは、苦悩からの離脱を他に求める如き愚かさを繰り返さないであろう。真に苦悩を離脱するためには、人生は否定せられなければならない。しかも否定の端的において望まれた現実は、苦悩の世界でありつつ、また、花は紅、柳は緑なる光景が頷かれる世界であろう。現実と闘い、現実を超え、かくして現実に帰ったもののみに許される世界は、しかし、対立超克の媒介なくして現成するのではない。そして対立超克の道として、すでに述べた如く、自力的立場・他力的立場の二つが、仏教の伝統を形成しているのである。

日本思想史における鎌倉時代は、対立超克の段階に定位せしめられるべきであろう。『平家物語』を読むものは、そこに平家の悲劇が語られるとともに、その悲劇に対する救済が与えられてあるものを看過することができない。法然の出現なくしては、おそらく平家の悲劇もあれだけでは済まされえなかったであろう。壇浦で身を沈めた人々も、俘虜になって斬られた人々も、しかし、浄土への道が明らかにせられた故に、不幸ながらも幸福な最後を迎え得たのであった。世間から見放され、国家から見棄てられた人々が、最後に救いからも見放されていたとすれば、われわれはその悲劇を形容する言葉さえ見出だし得ぬであろう。
もし法然の浄土宗を指して、安易道であるとするならば、それは真に法然の宗教を知ったものとは考えられない。浄土教を信ずること、「難中之難」であると説く『無量寿経』の言葉は、また鎌倉時代において、法然の浄土宗を仰信した人の、意外に少なかったであろうことを推測せしめる。しかし、おそらく平家の人たちこそ―あらゆる救いから見棄てられた魂こそ―まさしく弥陀本願の正機ではなかろうか。またかかる点に、「仏となるいとやすきみちあり」(『正法眼蔵』生死)とする道元の只管打坐の道との差異があるであろう。

念仏も禅も唱題も、しかし、仏前の特殊な行事としての意味をもつものではない。それが直接、対立超克の実践的方法を示す限り、もはや単なる信とか、あるいは行として処理せられるべきではなく、むしろ日常生活の根柢において、また日常生活を通して、対立超克を現成せしめる根源的大道であった。だからまた、鎌倉新仏教の唱導者によって顕らかにせられた道は、単に仏教とか、あるいは浄土教と呼ばれる特殊な世界に局限せられるべきではなく、むしろ日本思想史において、重大な役割を担うのであった。何故ならば、奈良・平安朝の主客対立の段階も、鎌倉時代の対立超克の段階を迎えることなくしては、さらに長い迷悶を経験しなければならなかったからである。すなわち鎌倉時代そのものが、法然などの新仏教唱導者に負う対立超克の意義は、同時に日本思想史そのものが、鎌倉時代に負うところのものであった。

平安朝末期より鎌倉時代にかけて、思想的に重要な作用を及ぼしているものに末法意識がある。釈尊滅後の千年間は正法の時代、次の千年間は像法の時代、続いて末法の時代に入るとせられる。すなわち釈尊の時代を遠ざかるに従って、人の機根が衰え、僧俗共に闘諍を事とすると説かれるのであるが、時代意識としての末法は、当時の遽しい世相に、必然的な意味を与えたと解せられる。しかしまた、末法意識がどの程度に普遍化せられていたかは、一考の余地があるであろう。貴族や僧侶などの有識者にとっては、なるほど、末法思想は精神的脅威を与えたかも知れないが、一般庶民は末法なる言葉によって、なんらの不安をも感じなかったともいえるであろう。

しかし、法然を始め新仏教の唱導者達が、いずれも時代意識としての末法を問題としていることは留意せられるべきであろう。法然は、「浄土門の修行は、末法濁乱の時の教なるがゆへに、下根下智のともがらを器とす」（「信寂房に示されける御詞」）との立場において、念仏の一道をたどるのであるが、そこには、末法を肯定することによって末法を超えんとする志向がみられる。日蓮の出発点もまた法然と同様であり、すなわち、末法においては日出でて星隠れる如く、諸教は没して、ひとり『法華経』のみ現れるべきであるとの確信を以って、如来の福音を説いている。しかし、これとは対蹠的な立場に立つ道元は、末法の根拠なきことを指摘し、「仏教に、正像末を立つること、暫く一途の方便」（『正法眼蔵随聞記』第四）に過ぎず、如法に修行すれば常に現証のあることを力説する。すなわち道元によれば、時代意識としての末法は、根柢より否定せられるべきものであった。

しかし、いずれにしても新仏教の唱導者たちが、末法を問題としていることは否定できない。そして肯定的に、あるいは否定的に、末法の世界を超出するところに、救済ないし解脱の道が示されているとともに、また末法の世界を超出することが、実に、救済ないし解脱を現成せしめることになるのであった。が、このことは、末法の根拠が、単なる時代性にのみ帰せられるべきではなく、かえってわれわれ人間の内に見出だされるべきことを語っているのではなかろうか。すなわち人間の危機を教えるところに末法の本来的な意義があると思われる。自覚的な人間は、同時に、人間としてあることの危機を自覚するものでなくてはならない。かかる人間の危機は、単に時代環境との関連において生起すべきものではなくして、常に新たなる相を以って、その解決をわれわれに迫るのである。人間は意識すると否とにかかわらず、身を以って解決せねばならぬ事柄を、不断に問われているのである。人間の危機はかかる問いを問われているところにある。末法が常に新たなる危機を人間に自覚せしめるものであるとすれば、末法の問題はかえって永遠の課題であるであろう。かくしてわれわれは歴史的時間的な末法が、宗教的非時間的な意義を担っていること、および末法の克服こそ宗教的な行であらねばならぬことを理解するのである。

『平家物語』が直面した世界は、「ただ物のみぞ悲しき」(「福原落」)ともいわれるべき、悲哀に充ちたものであった。日本国の過半数を領有し、「この一門にあらざらん者は、人非人たるべし」(『平家物語』「禿童」)と号した平家の一族も、しかし春の夜の夢の如く、はかなく滅んで行ったとき、いかにそれが宿業の然らしめるところであるにしても、あるいは自ら招いた悪業に依るにしても、やはり「ただ涙のほかは言の葉もな」くして(『建礼門院右京大夫集』)、見送られざるをえなかったであろう。かくのごとき悲哀感としての無常観が、『平家物語』を支配しているのであるが、その根柢を支えるのは、「盛者必衰の理」でなければならなかった。平家の運命は、「盛者必衰の理」を現実化したものであり、同時に平家自体が、「盛者必衰の理」を拒否しえなかったのである。そして「盛者必衰の理」こそ、『平家物語』が親しく体験した道理であった。

『平家物語』は悲哀の世界を語りながら、自らもまた、悲哀している。換言すれば『平家物語』が現実をみる立場そのものが、現実の内に置かれ、また現実と共に流されているのである。この現実と共に流されるということが、『平家物語』の基調をなしている。だから『平家物語』が、悲哀の世界を離脱せんがためには、現実の外に、自らの立場を移さなくてはならない。またかくしてこそ、現実をみることも可能となるであろう。そしてかくのごとき立場を求めたのが『太平記』であった。

周知の如く、『太平記』が遭遇した現実は、『平家物語』が直面した現実にもまして、悲哀と混乱とに満たされていたにもかかわらず、必ずしも『太平記』が『平家物語』の如く、悲哀に沈淪していない点に、顕著な対比がみられる。果して『太平記』が発見し、同時に『太平記』を支配しているのは、「盛者必衰の理」ではなくして「因果の道理」であった。だから「因果の道理」を荷負する『太平記』は、現実の外に自らの足場を置くことによって、現実を眺めているのである。

『太平記』によれば、衰え滅んでゆくのは、それが盛者であったからではなくして、しかるべき行為の結果である。「因果の道理」の支配を逃れうるものは、この世には一人としてない。かつて盛者なる故に滅んだ平家一門も、しかし『太平記』によれば、天の罰したまうところであり、やはり因果は歴然としている（巻四「先帝遷幸事」）。この「因果の道理」の支配をみるものは、だから、もはや悲哀するを要しない。歴史の背後には神の意志が窺われるのであり、神の意志に背くものが、畢竟、自ら悲劇を招き寄せているに過ぎないのである。

かくして『太平記』は、現実の外に立つことによって、現実を諦観しているのである。

しかし、現実の外に立つとは、何を意味するのであろうか。『平家物語』にとっては、現実は悲哀せしめるべきものであった。すなわちそれは対立者の性格を帯びているのであった。しかるに『太平記』においては、対立者はもはや現実ではなくして、より根源的な主体、すなわち「因果の道理」ないしそれを支配する神仏とも呼ばれるべきものである。『太平記』は、根源的主体に目覚めることにより、この現実を超えているのである。しかも現実を超えたことは、『太平記』をして主客合一の第四段階に赴かしめている。『平家物語』と『太平記』との本質的な差異は、主客の対立に苦悩しつつあるか、あるいはそれを超出した主客合一の段階にあるか、という点に見出だされなくてはならない。かくして悲哀感としての無常観は、『太平記』において、現実の外に立つことにより、自らにして離脱し得たのである。

しかし、このことを示しているのは『徒然草』の無常観である。そこには無常に対する四つの態度が語られている。すなわち無常を自覚せぬ主客未分的態度、無常を悲哀する主客分裂的態度、「変化《へんげ》の理」に達した対立超克的態度、及び無常をいみじと観ずる主客合一的態度がその断章を通して窺われるのである。『徒然草』によれば、最初の二つの態度は愚かなこととして否定せられ、かかる否定を通して、「世はさだめなきこそいみじけれ」（第七段）という第四の態度にまで導かれて来るのである。とにかく内存在としての無常観が、かかる四つの態度を背後にもっていたことは拒みえない。と同時に、『徒然草』の立場が、主客合一の第四の段階に求められていたことも否定できないのである。

謡曲の世界もまた、自ら主客合一の第四段階にあることを示している。もっとも謡曲は、幽玄の立場から理解せられるべきものであろうが、思想史的視点よりすれば、やはりそこには悲哀と苦悩とを超えた世界が示されているのである。たとえば「敦盛」は、過ぐる一ノ谷の合戦で、敵の熊谷直実に討ち取られた敦盛を語ったものであるが、その敦盛は、『平家物語』においては、ただ悲しい運命を受けなくてはならなかったにもかかわらず、謡曲の世界においては、直実の手厚い回向を受けて救われているのである。謡曲では、敦盛の外に、知盛・知章・通盛などの平家の人たちだけではなく、『源氏物語』の人々、業平・小町・定家から、鵺・胡蝶・杜若・藤にまで、その救いが及んでいる。換言すれば、救いにもれる如きものは、謡曲の世界にはないのである。かつては迷えるものも、ここにおいては救済が与えられているのであるが、このことこそ、謡曲の立場が苦悩を超えた主客合一の段階にあることを物語るであろう。

主客合一の段階にあっては、現実はもはや悲傷せられるべきものでもなければ、否定せられるべきものでもない。むしろ悲傷せられるべき現実をみる立場が、現実そのものの内に移されることにより、現実が新たな意義を担って来るのである。だからそこには、諦観による静けさが宿されている。主客合一の段階に到達するまでには、激しい内的葛藤を経験しなければならないにしても、かくして到達せられた主客合一の段階にあっては、この種の葛藤は含まれないのである。

われわれはこの主客合一の段階を浮世として規定しうるであろう。浮世は元来、憂きこと繋き世としての意味を帯びていた。奈良・平安朝時代を通じて、日記や文芸作品などに現れる世界が、たとえ浮世という文字によって表現せられているにしても、それはやはり、憂世として理解せられなければならない。意のままにならぬ官位の昇進、恋愛における相手の情の定めなさ、あるいはつれづれと降る長雨すら、かれらを憂愁の裡に閉じこめたのである。だから憂世はまた、主客分裂の第二段階を象徴しているとも解されるであろう。

かくのごとき憂世は、しかし、対立超克の鎌倉時代を通過するに従って、漸次、新たな性格を帯びて来る。たとえば『閑吟集』の、「実《げ》にや世の中は、定めなきこそ定めなれ」とか、あるいは、「実にや思ふ事、叶はねばこそ浮世なれ」と歌われる場合、この浮世は、絶対者として対立するものでもなく、また否定せられるべきものでもない。むしろ苦悩ある故に、真実の世の中であるとする人生態度が、とられてきている。定めなき浮世こそ、われわれにとって存在根拠となるべき世界である。そこには、かかる浮世に対する否定もなく、あるいはこの種の否定を通じて、新たな道を求めるという如き志向があるのでもない。むしろこの浮世を浮世とするところに、人生に対する立場が見出だされているのである。

浮世を浮世とする態度は、また「何せうぞくすんで、一期は夢よ、ただ狂へ」という如き、積極的な現実肯定を促してくる。『閑吟集』は、中世以前においては見出だしえぬ新しい感覚を伝えている。それは、もはや宗教的求道的世界ではなくして、自由奔放な人間性の躍動する世界である。人々は救済や解脱を願うのではなく、「吉野川の花筏、浮かれてこがれ候よの〳〵」という如き人間的な心情が、卒直に表明せられている。『閑吟集』にみられる夢の浮世は、やがて江戸時代になるに従って、色の浮世に導かれてゆく。浮世絵や浮世草紙は、かかる浮世の象徴であるが、しかし、いずれにしても浮世そのものの構造が、主客の合一を内実としていることに変りない。現実としての浮世はかれらに対立したものではなく、かえってこの現実の肯定において、浮世が成立しているのである。そしてわれわれは、室町・江戸時代の置かれてある立場を、この主客合一の第四段階に比定せんとするのである。

日本思想史を上来述べ来たった如き立場において理解するとき、われわれは仏教の占むべき位置を容易に了解するであろう。仏教は主客対立の第二段階を出発点とし、対立超克の第三段階に向かわんとするところに、その実践的意義があるのである。鎌倉時代に現れた新仏教の唱導者、すなわち法然を始め親鸞、道元、日蓮などは、いずれも対立を超える道を歩み、また対立を超えるところに、救いのあることを明らかにしたのであった。そして結果からすれば、すでに鎌倉時代そのものが、対立超克の段階に置かれるのである。

近世の儒学は、仏数の如き対立超克の性格を含まぬものである。仏教が、現実から非現実へ向かわんとするのに対し、儒教は、現実から現実への方向をもっている。換言すれば、儒教は現実界に秩序と統一とを与える原理を内実とするのである。この場合、かかる秩序と統一を欠如したのは、いわゆる戦国時代およびそれに続く時代であった。儒教が徳川氏によって採用せられたのも、偶然ではない。「二条河原落書」にあるごとき、「自由狼藉ノ世界」は、政治的道徳的原理としての儒教により、一応の安定へと導かれたのである。

ところで神道は、主客未分の第一段階を基調とするものである。神々の世界は、苦悩と対立の彼岸、善と悪との彼方に求められなくてはならない。だからまた、近世国学者の復古運動も、主客未分の第一段階に、その目標が置かれていたのである。本居宣長が、「実《まこと》は道あるが故に道てふ言《こと》な」き古代の世界を、あの中世の迷蒙から発掘した功績は、記憶せらるべきであるが（『直毘霊』）しかし江戸時代そのものが、すでに主客未分の第一段階であったのである。もとより古代の主客未分の段階と全く同一であるのではないが、かかる主客未分の段階が自ら展開して、主客合一の段階を導いているのであり、この故に江戸時代は一面、古代の復活でなければならない。はたして本居の門人平田篤胤は、性欲を讃美し、「万事賑々しく、物の盛りなるを好む」ところに、神の道を見いだしているのであるが（『出定笑語附録』一之巻）これは浮世意識と異ならぬものであることが領解せられなければならない。

五　神

われわれが如何に解釈するかを離れて、歴史はないであろう。しかも歴史は、単にこの世だけに関連してあるのではない。もしわれわれが、われわれの生の始源を尋ねて、父母未生以前にまで遡及するならば、やがて前世あるいは宿世なるものに到達するであろうし、またわれわれの生を追って、この世における終末に到るならば、その彼方において、後世あるいは来世なるものに遭遇するであろう。未来・現在・過去の区分が、自己の生命を媒介として考えられるとき、未来は前世（来世）、過去は後世（宿世）に転ぜしめられるのである。そしてわれわれの常識的立場よりすれば、現世の存在は、最も確実であるとせられるが、しかし仏教の伝統的立場よりすれば、現世こそ虚仮であり、前世および後世は確実な在り方をしているとせられなくてはならない。なぜならば、現にわれわれがあるのは前世の業（行為）のしからしめるところであり、また現にある限り、やがて後世の存在を予想せしめるからである。われわれがこの世にあるのは、前の世における報いであるのみならず、この世における報いも、後の世なくして終わるものでもない。しかしこの故に、現世は、前世と後世の否定的媒介によって成立するともいわれるであろう。虚仮ではあるが前世を前世とし、後世を後世とするのは、またこの現世なのである。換言すれば、われわれは背後に三世を負うことにおいて始めて、人間存在たりうるのである。

かかる三世を貫くのは生である。前世は生以前の世界であり、後世は生以後の世界である。しかし三世は、単に時間的な前後において定位せしめられるべきものであろうか。われわれが、たとえば遭い難き人に遭った悦びを、宿世の縁として内観するならば、その宿世は時間的に遠い過去に求められるのではなくして、むしろ現在の悦びの深さとして、内感せられるものであり、同時にそれは、未来への悦びを宿すものでなくてはならない。また、後世を恐れる心情は、現在のわれわれの行為を規定することにおいて、その後世は時間を距てた未来にあるのではなくして、現在の意識においてあるのである。のみならず、来世を想う心も、宿世の然らしめるところであるとするならば、三世は相重なって、人間存在の根柢を形成していることが知られるであろう。そしてかくの如き三世を離脱しえないところに、人間的苦悩があると共に、われわれが三世を荷負することにより、救いの道が開かれてあることも頷かれるのである。

三世の意識は、それ自体歴史的であるとともにまた宗教的である。そして人間各自が三世を荷負することは、歴史もまた、三世を背後にもつことを意味している。過去・現在・未来は、われわれの意識における過去・現在・未来でなくてはならない。

前章において展望したところの日本思想史における四つの段階、すなわち、主客未分、主客分裂（対立）、および対立超克を通して導かれる主客合一の段階は、歴史の構造をなすと共に、また人間一個の精神的遍歴をも現すものである。法然や道元などの宗教者には、この流浪の過程が特に顕著に示されているが、しかし、総じて人間の自覚は、それ自体において、かかる段階を通して形成せられるものでなければならない。すなわち人間存在そのものが、自らの内にこの種の論理構造を含むのである。

が、またわれわれは、たとえば主客未分の段階にのみとどまる如き人に接することがあるであろう。世の穢れや人の悩みを識らず、少年の魂に通う至純な心情は、われわれの周囲に見出だすことができる。同様に、内的対立に苦悩し、葛藤に纏われつつあるごとき人にも、たびたび会うのである。またかかる対立を過去の追憶として顧みることのできる人や、主客合一の段階にあるごとき人を見出だすこともできる。漱石の『虞美人草』に登場する糸子などは、主客未分の段階に、甲野さんは主客対立および対立超克の段階に、さらに宗近君のお父さんなどは、主客合一の段階に比定することもできるであろう。そしてかかる精神的遍歴を経験しなかった藤尾やその母、小野さんなどは、真の人間的自覚に到達しえない点において、前者の一群とは異なった観点から描かれている。

右のごとき段階が、われわれの自覚史を形成する基本構造でありつつ、同時に、人間の類型を示すものであるが、もとより相互の段階には価値の差はないであろう。主客未分の段階と主客分裂の段階とは、同一の意義を担っていることが留意せられなければならない。たとい、ある段階が他の段階より価値低きものであるとしても、それは、われわれ人間の側においていわれるべきことではなくして、まさに神の側においてのみ、いわれるべきことである。換言すれば、それぞれの段階は、永遠の意義をもって、神の心に通っているのであり、それぞれの段階は、神の心の反映に外ならないのである。

しかしわれわれのいう神は、仏教の如来やキリスト教の神という如き、ある特定の神を指しているのではない。むしろかかる教派宗派を超えたところの、そのゆえに、あらゆる宗教の根源的な神について、語っているのである。あの神、この神といわれる場合の神ではなくして、人類の巨大な歴史の背後において仰がれる神である。あるいは、歴史の背後に予想せられる「ある者」である。その「ある者」は、一国民や一民族にのみ祝福をわかつべきではない。この種の「ある者」は、特定の国家、特定の民族を愛するの余り、たびたび他の国家、他の民族を冷笑し侮蔑し、時には憎悪する場合すらある。

われわれは謙虚でなくてはならない。それは根源的に、人間反省とその自覚においてなされるべき謙虚についてである。そしてこのとき、われわれは直接この目で見たり、この耳で聞いたりするのではないが、しかも明らかに、現実の背後にある「ある者」の姿を視、またその声を聴くことができるであろう。この種の「ある者」に対して、意識的に目を閉じ、また耳を掩う人々は、やはり神に背くことにおいて、受くべきものを受けなければならないのである。神があるか否かについて、いかに論議が繰り返されても、神に近づきえない場合がある。また神に関して何も識らない人にして、よく神の心を宿す例も少なくない。神の有無を問題とするわれわれ自体が、根本的に神によって問われている。かかる自覚―神によって問われていることの反省―を媒介として、初めてわれわれは神に遇うことができるであろう。有神論と無神論の問題も、神の存在についての問題である限り、それは単なる戯論に過ぎない。われわれ各個人が、根源的な態度の問題として、この問題を問題とすることにおいてのみ、神への通路が開かれるのである。

神についても、さまざまな類別がなされるであろう。創造者としての神の前に立てば、われわれは被造物である。また歴史の背後にある神は善を善とし、悪を悪とする点において、特に審判者としての性格が顕著である。さらに迷える羊にとっては、救済者としての神が仰がれる。しかし創造者としての、審判者としての、あるいは救済者としての神は、神自体の属性を示すのであって、幾人かの神が、各自の任務を司っているのではないであろう。

主客合一の段階においては、自らに対立する絶対者は影をひそめ、苦悩もなく、従って救済せられる必要もなかった。が、果してそこにおいて神がなかったであろうか。歴史的世界を如実にみる者にとっては、主客未分の段階が、単に古代のものであるのみならず、中世・近世を通じてその存在根拠をなしていると共に、現在においてもまた、この種の四つの段階が、歴史的世界の基調をなしていることを拒みえないであろう。主客未分の段階は古代、主客分裂（対立）は奈良・平安朝という如く、すでに過ぎ去ったものであるのではなくして、この四つの段階は、歴史的世界の、そして人間存在の論理構造であることにおいて、永遠の意義を担って、常に現在しているのである。室町・江戸時代が主客合一の段階にあるといわれるのは、他の段階が全くなかったのではなくして、この四つの段階の中で、主客合一の傾向が特に顕著であったことを意味しているのに過ぎない。そしてその根柢にこれらの段階をもち、背後に前世・現世・来世の三世を負う人間存在―歴史的世界―こそ、仏教の「末世」意識が教える如く、常に危機に直面しつつあることを、いな、危機に裏付けられつつその危機を捨離しえざることを語るのである。

歴史は単に過去のものであるよりは、むしろ未来にかかわる課題である。そしてそれだけ歴史は宗教性をもつものといえるであろう。神は作られた歴史を支配したのみでなく、まさに作られる歴史を支配するのである。われわれは敬虔な態度において、神の声を聞かなくてはならない。このとき、歴史の創造に、積極的に参与しうるわれわれ人間の意義と栄光が、改めて顧みられるであろう。

あとがき

奈良県の一浄土宗寺院に生まれた私が、郷里の中学校を卒業して、京都の仏教専門学校（現在の佛教大学）に入学したのは昭和九年四月のことであった。三年間の在学中は、千葉良導、前田聴瑞、稲垣真我、田中順照などの諸先生から宗乗、余乗を教わったが、二年生の頃であったかと思う。法然上人の思想と生涯を、自分自身の問題として考えてみようと思った。私にとって法然上人とは何であったのか、という問いを設定し、自分なりに解明しようとしたのである。

京都寺町の古本屋で、黒田真洞・望月信亨共纂『法然上人全集』一冊を購入し、メモをとりながら少しずつ読んでいった。和文の法語や消息を通して知られる法然上人は、宗乗で教えられてきた法然上人とは異なり、その息づかいさえ感じられるようであり、法然上人にたいする親しみがわいてくるのであった。

昭和十三年四月に九州大学法文学部に入学し、竹岡勝也先生の指導を受けることになるが、国学を専攻されていた竹岡先生の学問に魅せられた私は、本居宣長を研究テーマに選んだ。「物のあわれ」の文芸論に関心が集中したが、しかし兵役などの事情で、研究は中止された。

太平洋戦争が終り、私は京都に移り住むことになった。たまたま京都東山の知恩院山内に仏教文化研究所が設立され、藤吉慈海・春日井真也・藤堂恭俊・塚本俊孝・牧田諦亮の諸氏と共に、私も研究員を命ぜられた。私は「法然上人伝の研究」を研究テーマとし、法然上人の各伝記の構成や成立過程などについて勉強を始めた。月例の研究会で研究の一端を発表し、批判や助言を与えられたが、その間、井川定慶・梅津次郎・島田修二郎・下店静市・田中緑紅などの諸氏による発表もあり、啓発されるところが多かった。その後、岸信宏浄土門主を班長とする法然上人絵伝研究会が結成されると、またその末席に列することを許された。

昭和三十二年五月に九州大学文学部に勤務することになるが、これを機会に、これまで続けてきた法然上人およびその浄土教の研究をひとまず置いて、時代を追って日本仏教史を研究する計画をたてた。九州大学在職中は、同じ内容の講義を二度とくりかえすべきでない、と心に決めていたが、したがって新しいテーマによる講義を、長期にわたってつづけなければならなかったからである。着任した私は、日本仏教史の第一頁にあたる飛鳥時代の仏教伝来から講義を始め、徐々に時代を下って行く積りであった。

その頃、法然や日本の浄土教について執筆を求められ、これに応じていくつかの小文を書いた。本書に収めた小文の大半は、福岡で書かれたものであり、それも福岡在住の最初の十年間に執筆されたものであるが、その内容は、すでに京都在住時代に先学や同学から教えられたものであり、また、みずから身につけたものであった。なお本書の最終章「歴史と宗教」は私の処女出版である。仏教専門学校在学中に培われた宗教的な発想と、九州大学法文学部在学中に教えられた文化史的な理解が、小篇の底流をなしているが、これを書いてからすでに四十年近くの歳月が経過している。

京都在住時代に御指導をいただいた知恩院の岸信宏門主を始め、井川定慶・三田全信・竹田聴洲の各氏もなくなられた。そのころ知恩院の仏教文化研究所の学頭であり、陰に陽に私を励ましてくれた義父の塚本善隆、法嗣の塚本俊孝も不帰の客となった。本書の上梓を思い立ち、匆匆の間に旧稿をまとめたが、恩師や旧友のことなどが走馬灯のようにかけめぐる。京都在住時代がなかったとすれば、私にとって、法然やその浄土教との出会いの機会もなかったであろうし、したがって、このような形で小文を書くことも不可能であったであろう。本書成立の因縁は、遠く三十年前の京都において準備されていたのである。本書の刊行にあたり、とくに京都の有縁の方々にお礼を申しあげたいと思う。

終りに本書刊行の機縁を与えられた法藏館の西村明社長、お世話になった同館の山口恵美子さんに謝意を表する次第である。

昭和五十七年十月十三日

田村圓澄

解説

坪井　剛

本書は一九八二年十一月に刊行されたものの文庫版である。著者である田村圓澄氏の略歴は奥付にも紹介されているが、まずはここでも簡単にたどっておきたい。

田村氏は一九一七年、奈良県高市郡八木町（現、橿原市）の浄土宗寺院で誕生された。一九三七年に、京都の仏教専門学校を卒業された後、九州帝国大学法文学部国史学科に進学、一九四一年には同大学を卒業されている。卒業論文は「徒然草の思想」という題目でまとめられ、竹岡勝也氏の指導を受けられたようである。

卒業後は、同大学法文学部副手・土浦海軍航空隊教授嘱託等を歴任されるが、戦後の一九四六年からは京都に移られ、妙泉寺住職・市立堀川中学校教諭等を勤められた。この間、京都帝国大学大学院（旧制）に入学し、また知恩院仏教文化研究所にも所属されると、本格的に法然伝の研究を進められ、一九五六年には『法然上人伝の研究』を法藏館から刊行されている。

その後、一九五七年には京都を離れ、九州大学文学部に助教授として着任されることとなる。直後の一九五九年には、『日本仏教思想史研究・浄土教篇』（平楽寺書店）と『人物叢書　法然』（吉川弘文館）を刊行され、浄土教・法然伝研究の成果をまとめられている。ただ、これ以降は古代仏教史を中心に研究を進められ、晩年に至るまで多くの成果を残された。一九八〇年に九州大学を定年退職されると、一九八一年からは、九州歴史資料館長に転じられており、本書が刊行されたのはその直後ということになる。

◇◇◇◇

さて本書は、全編書き下ろしというわけではなく、著者が各媒体で発表してこられた論考を一冊にまとめられたものである。そこで『田村圓澄先生　年譜・著作目録』（田村圓澄先生古稀記念会編、一九八七年）を参考に、本書に収録された各編の初出を確認しておきたい（括弧内は発表時における著者の年齢）。

・日本の浄土教　…『体系日本史叢書十八　宗教史』山川出版社、一九六四年（四七歳）
・法然とその教団
　一〜四　…『講座仏教第Ⅴ巻　日本の仏教』大蔵出版、一九五八年（四一歳）
　五　…『浄土宗全書第十七巻　解説』山喜房佛書林、一九七一年（五四歳）

・鎌倉新仏教の人々
源信　…『大法輪』二十八巻二号、一九六一年（四四歳）
「山」の法然・「村」の一遍　…『日本思想大系月報　8』岩波書店、一九七〇年（五三歳）
聖光・証空　…『現代語訳しんらん全集第九巻　先学篇』普通社、一九五八年（四一歳）
永観　…『大法輪』三十三巻五号、一九六六年（四九歳）
熊谷蓮生房　…『大法輪』三十三巻五号、一九六六年（四九歳）
栄西と法然　…『大法輪』三十巻二号、一九六三年（四六歳）
親鸞　…『人物・日本の歴史第四巻　鎌倉と京都』読売新聞社、一九六六年（四九歳）
日蓮　…『人物・日本の歴史第四巻　鎌倉と京都』読売新聞社、一九六六年（四九歳）
・歴史と宗教　…『歴史と宗教』永田文昌堂、一九四六年（二九歳）

本書に収録されるにあたり、初出からの文言の修正は確認できるが、内容に大きな変更は見あたらない。このように見てみると、本書に収録された各編のうち、二九歳で執筆された末尾の「歴史と宗教」のみが著者の京都時代における作品である一方、それ以外の各編は四一歳から五四歳までの九州大学時代の作品群であることに気づかされる。

既に本書を読み終えられた読者は感じておられるかと思うが、本書所収作品群のうち、末尾の「歴史と宗教」は、テーマ・筆致ともに他の作品と異なるテイストとなっている。これ以外の「日本の浄土教」から「鎌倉新仏教の人々」までの作品群は、事実関係を押さえた上で、基本的に時系列に沿って体系的に書かれており、比較的読みやすい内容だったのではないだろうか。これらが執筆されたのは、『法然上人伝の研究』をはじめとする浄土教・法然伝研究の著作をまとめられた後であり、既に著者が自身の研究上の立場を築き上げていたことが影響しているように思われる。

一方で「歴史と宗教」は、古代から中世における思想史をベースにしながら、「神」や「悪」など宗教哲学的テーマを論じ、時代を超えた「人間」一般の精神性にまで及んでいる。具体例を多く示しながら記述されているが、内容は観念的で、他の作品と比べると少し取り付き難いかもしれない。京都時代の著者の関心が「悪」にあったことは、著者自身が回顧されているところであるが（『大宰府の春』六興出版、一九八七年）、浄土教研究に邁進するとともに「人間」への理解を深めようとする青年期の人文学研究者の「熱気」のようなものが、行間から感じられないだろうか。

◇◇◇◇

さて、各編の執筆された時期を押さえた上で、それぞれの内容上の特徴を見ていくことにしたい。まず「日本の浄土教」では、飛鳥時代から奈良・平安時代まで、つまり法然以前の浄土教について概観している。特に、九世紀以降に発達する浄土教において、円仁や源信によって導かれた美的情緒的な念仏が貴族に受容された一方で、空也のような狂騒的な念仏は庶民に受け入れられたとする。その上で、平安中期以降、古代国家の解体とともに末法の時代を迎え、両者が融合し、浄土教の盛行を迎えることになると見通している。

次に「法然とその教団」では、法然の生涯を簡潔にたどった上で、その没後に分派した門流の特徴に及ぶ。ここでは、法然の専修念仏そのものが反聖道門的であり、国家と結びつかず在家人を対象としていたのに対し、古代国家と結びついていた聖道門教団がこれを警戒したことにより、法然とその教団への迫害が起こったとしている。

続く「鎌倉新仏教の人々」では、源信から始まり、法然・一遍・聖光・証空・永観・熊谷蓮生房・栄西・親鸞・日蓮といった「鎌倉新仏教」に関連する僧俗の事績・思想を取り上げている。ここで特徴的なのは、源信や永観といった一般には「鎌倉新仏教」の範疇には入れない僧侶まで取り扱っていることであろう。その上で、「鎌倉新仏教」を「仏教の再発見」（一二七頁）や「仏教の日本的な変革」（一五九頁）と位置づけており、「新仏教」に連なる大きな仏教史の流れを描き出そうとしているものと思われる。

さてここで少し、著者の学術的な立場について補足しておきたい。上述のように本書では、法然をはじめとする「鎌倉新仏教」を高く評価し、既存の「旧仏教」を「古代仏教」（一三二頁）として対比的に捉えている。このような学術的立場を現在、「鎌倉新仏教論（鎌倉新仏教中心史観）」と呼ぶことが多い。

この「鎌倉新仏教論」では一般的に、古代国家の没落とともに、それらと結びついた既存の「旧仏教」も形式化・腐敗が進む一方で、民衆的かつ時代に合致する思想的革新性を有する「新仏教」が台頭していくものと理解する。本書の端々でも同様の見解が垣間見られるが、これは著者が浄土教・法然伝研究を進めていた一九五〇～六〇年代には、多くの研究者が前提とする通説的な捉え方であった。

但しその後、この「鎌倉新仏教論」に対しては、疑問が呈されることになる。そのきっかけとなったのは、黒田俊雄氏による「顕密体制論」と言われる学説の提唱である。黒田氏は、中世になっても多くの僧侶や莫大な荘園を抱え、国家と相依相即の関係を築いていた「旧仏教」系寺社こそが、中世を代表する「正統的」な宗教であり、「新仏教」はそれらに対して「異端＝改革運動」と位置づけるべきであるとしたのである。言わば「鎌倉新仏教論」とは一八〇度異なる図式で中世仏教を捉えたのである。

黒田氏がこの学説を提示したのは一九七五年であるが、この考え方はそれ以降、少しずつ学界での支持を受けるようになっていく。一九八〇年代になると、正統派たる「旧仏教」系寺社に対する研究が盛んになる一方で、異端＝改革運動と位置づけられた「新仏教」の研究は少しずつ停滞の様相を呈していった。本書がまとめられた一九八二年は、まさにそのような研究上の「潮目」とも言うべき頃合いであったのである。

◇◇◇◇

このような中世仏教史研究の動向に対して、当時の著者がどのような考えを持っていたのか、詳しくは分からない。ただこの点を推察する上で示唆的なのは、末尾の「歴史と宗教」の一編であるように思われる。

この「歴史と宗教」は五節からなるが、「史観」で古代から中世における二つの歴史観を考察することから始まり、「宗教」で宗教・仏教における心（真実心）の問題に展開する。特にここでは、自己を超えたものを自覚し、自己否定を通じて主客転換（廻心）することにより宗教的世界が開かれるとしている点が注目される。

続く「宗教の歴史」では、古代から中世における浄土思想の歴史的展開を概観し、量的な善根主義から自己への反省に基づく他力救済への転換があったことを指摘するとともに、それを示した法然の役割が日本思想史上・世界精神史上において重要であったと評価する。そして「歴史の宗教」では日本の思想史が、主客未分、主客分裂（対立）から対立超克の段階を経て、主客合一の段階に至ることを示し、最後の「神」では、これが人間一個の精神的遍歴でもあると結論づけるのである。

このように「歴史と宗教」では、「否定」を契機とした思想的変容を論じている点が特徴的である。ここで思い合わされるのは、やはり家永三郎氏の『日本思想史に於ける否定の論理の発達』（弘文堂書房、一九四〇年）であろう。家永氏はこの著名な論文で、古代から中世への思想的推移が、肯定の論理から否定の論理に置き換えられる点に認められること、そしてその「否定」という時代的思潮に合う仏教を展開したのが法然・親鸞ら「新仏教」祖師であると結論づけている。著者自身も九州大学在学中にこの家永氏の論考に触れて、その斬新な視角に「しばしば溜息をついた」（『大宰府の春』）と回顧しており、その影響を受けていたのは間違いないだろう。

ただ、この「歴史と宗教」での主張は、家永氏の論考の枠組みを超えた結論に至っている。というのも著者は、「否定」を契機とした思想史の展開を単に過去のものとして捉えるだけでなく、「未来にかかわる課題」（二三六頁）として捉えるべきだとしているからである。つまり、主客未分から主客合一に至るまでの四段階を「人間存在の論理構造」として普遍化しており、歴史研究の成果を「人間」理解一般にまで昇華しているのである。

この理解が妥当かはさておき、中世仏教を研究することによって、現代の我々に示唆を与えるような思想的成果にも繋がっていたのが「鎌倉新仏教論」の諸研究であったとも言える。一方で、黒田氏の「顕密体制論」提唱以後の中世仏教史研究では、いわゆる「旧仏教」系寺社への研究は格段に深化したが、「旧仏教」側には代表的な思想家が欠如しているのではないかという点がしばしば批判されてきた。それ故、家永氏は新仏教に比べて旧仏教の「精神的遺産としての意味はゼロにちかい」とさえ言い切っている（『日本史研究』三七八、一九九四年）。

この点から考えると、著者が自身の処女出版である『歴史と宗教』を本書末尾にあえて収録したのは、著者が当時の研究状況に対して、家永氏と同様の問題意識を持っていたからではないだろうか。穿ち過ぎかもしれないが、少なくとも中世仏教を研究し、その内実を知ることが、現代の我々に何をもたらすのかという大きな課題を、いまも本書は訴えているように思われるのである。


（佛教大学仏教学部准教授）

田村圓澄（たむら　えんちょう）
1917年奈良県に生まれる。1941年九州帝国大学法文学部国史学科卒業。九州大学教授、熊本大学教授、九州歴史資料館長などを歴任。九州大学名誉教授。文学博士。著書に『日本仏教史』全5巻・別巻1（法藏館）、『法然』『飛鳥・白鳳仏教史』（共に吉川弘文館）など多数。2013年7月10日、逝去。

法然《ほうねん》とその時代《じだい》

二〇二三年一一月一五日　初版第一刷発行

著　者　田村圓澄
発行者　西村明高
発行所　株式会社法藏館
京都市下京区正面通烏丸東入
郵便番号　六〇〇-八一五三
電話　〇七五-三四三-〇〇三〇（編集）
〇七五-三四三-五六五六（営業）

装幀者　熊谷博人
印刷・製本　中村印刷株式会社

ISBN 978-4-8318-2655-8 C1121

法蔵館文庫既刊より

価格税別

し-1-2
精神世界のゆくえ
宗教からスピリチュアリティへ
島薗進著
なぜ現代人は「スピリチュアリティ」を求めるのか。宗教や科学に代わる新しい思想を網羅的に分析し、「スピリチュアリティ」の興隆を現代精神史上に位置づけた宗教学の好著。
1500円

よ-2-1
日本人の身体観の歴史
養老孟司著
日本の中世、近世、そして現代哲学の心身論から西欧の身体観まで論じる。固定観念を揺さぶり、常識をくつがえし、人と世界の見方を一変させる、養老「ヒト学」の集大成。
1300円

ぎ-1-1
現代語訳
南海寄帰内法伝
七世紀インド仏教僧伽の日常生活
義浄撰
宮林昭彦
加藤栄司訳
唐の僧・義浄がインドでの10年間にわたる留学生活で見た7世紀の僧侶の衣・食・住の実際とは。戒律の実際を知る第一級資料の現代語訳。原書は、鈴木学術財団特別賞受賞。
2500円

と-1-1
文物に現れた北朝隋唐の仏教
礪波護著
隋唐時代、政治・社会は仏教に対していかに関わり、仏教はどのように変容したのか。文物を含む多彩な史料を用いスリリングに展開される諸論は隋唐時代のイメージを刷新する。
1200円

こ-1-1
神々の精神史
小松和彦著
カミを語ることは日本人の精神の歴史を語ること。竈神や座敷ワラシ。酒呑童子、ものくさ太郎に、山中の隠れ里伝承など、日本文化の深層に迫った妖怪学第一人者の処女論文集。
1400円

み-1-1
江戸のはやり神
宮田登著
お稲荷さん、七福神、エエジャナイカ——民衆の関心で爆発的に流行し、不要になれば棄てられた神仏。多様な事例から特徴を解明し、背景にある日本人の心理や宗教意識に迫る。
1200円

さ-5-1
信仰か、マインド・コントロールか
カルト論の構図
櫻井義秀著
社会はカルトやマインド・コントロールの問題にどう対処すべきか。九〇年代以降のメディアや裁判記録などの分析を通じて、これらの問題を考えるための基礎的理論を提示する。
1100円

う-1-1
日蓮の女性観
植木雅俊著
仏教は女性蔑視の宗教なのか？　仏教史における男性観、女性観の変遷、『法華経』における提婆達多と龍女の即身成仏を通して検証し、また男性原理と女性原理について考える。
1300円

お-1-1
寺檀の思想
大桑斉著
近世に生まれた寺檀の関係を近代以降にまで存続せしめたものとは何か？　家を基本構造とする幕藩制下の仏教思想を明らかにし、近世社会の本質をも解明する。解説＝松金直美
1200円

や-3-1
藤原道長
山中裕著
道長の生涯を史料から叙述すると共に、人間関係を詳しく説き起こして人物像を浮かびあがらせる。既存の図式的な権力者のイメージをしりぞけ史実の姿に迫る。解説＝大津透
1200円

た-5-1
安倍晴明の一千年
「晴明現象」を読む
田中貴子著
スーパー陰陽師・安倍晴明はいかにして誕生したのか。平安時代に生きた晴明が、時代と世相にあわせて変貌し続ける「晴明現象」を追い、晴明に託された人々の思いを探る好著。
1200円

ふ-1-1
江戸時代の官僚制
藤井讓治著
一次史料にもとづく堅実な分析と考察から、幕藩官僚＝「職」の創出過程とその実態・特質を解明。幕藩官僚制の内実を、明瞭かつコンパクトに論じた日本近世史の快著。
1100円

た-6-1
宗教民俗学
高取正男著
民俗学の見地から日本宗教史へとアプローチし、日本的信仰の淵源をたずねる。高取正男の真骨頂ともいうべき民間信仰史に関する論考12篇を精選。解説＝柴田實／村上紀夫
1400円

み-2-1
天狗と修験者
山岳信仰とその周辺
宮本袈裟雄著
修験道の通史にはじまり、天狗や怪異伝承、修験者の特性と実態、恐山信仰などを考察。入手困難な記録や多様な事例から修験者の固有信仰を幅広く論じる。解説＝鈴木正崇
1200円

た-7-1
法然とその時代
田村圓澄著
法然はいかにして専修念仏へ帰入するに至ったのか。否定を媒介とする法然の廻心を基軸に、歴史研究の成果を「人間」理解一般にまで昇華させた意欲的労作。解説＝坪井剛
1200円

み-3-1
風水講義
三浦國雄著
龍穴を探し当て、その上に墓、家、村、都市を営むと都市や村落は繁栄し、墓主の子孫、家の住人に幸運が訪れる――。原典を通して「風水」の思想と原理を解明する案内書。
1200円

さ-6-1
祭儀と注釈
中世における古代神話
桜井好朗著
神話はいかに変容したのか。注釈が中世神話を創出し、王権－国家の起源を新たに形成。中世芸能世界の成立をも読解した、記念碑的一冊。解説＝星優也
1400円